HABILIDADES MOTRICES

Albert Batalla Flores

INDE
Publicaciones

Segunda edición, 2018
Primera edición, 2002

© Editorial INDE

Pl. Sant Pere, 4 bis, baixos, 2a
08003 Barcelona – España
Tel. 93 319 97 99
www.inde.com
editorial@inde.com
editorialinde.tumblr.com
facebook.com/INDEEditorial
@INDEEditorial

© Albert Batalla Flores

Diseño colección: INO Reproducciones, S.A.

Ilustraciones: Estudio Camaleón

Fotografías: Sebastià Capella Priu

ISBN: 978-84-95114-037

Dep. Legal: Z-1104-2000

Impreso en España

ÍNDICE

Introducción

Lo que pretendemos en este libro no es estudiar ninguna técnica deportiva concreta. Por el contrario, las páginas que siguen se destinan a dar ideas sobre cómo mejorar el bagaje motor general de las personas, es decir, sobre cómo mejorar la ejecución de las llamadas habilidades motrices básicas.

Correr, saltar, girar, lanzar no son patrimonio exclusivo de ningún deporte. Corre el atleta y la jugadora de baloncesto, pero también lo hacen los niños y niñas en muchos de sus ratos de ocio y recreo. Se lanza el balón en el balonmano, la pelota en la gimnasia rítmica y la jabalina en el atletismo, pero ¿quién no ha probado su puntería lanzando piedras en el campo?

Vemos, pues, que la ejecución de las habilidades motrices no se reduce a la práctica deportiva sino que constituye una buena parte del patrimonio motor de las personas. Mejorando la ejecución de las habilidades motrices aumentamos las posibilidades de respuesta y dotamos a los sujetos de una base sólida que les facilitará el aprendizaje de otras actividades más complejas.

Efectivamente, la enseñanza de la técnica de la carrera en atletismo se verá facilitada si el aprendiz antes ha aprendido a correr de forma correcta. Igualmente, una persona que sepa botar satisfactoriamente la pelota no experimentará grandes dificultades a la hora de aplicar esta habilidad en deportes como el baloncesto, el balonmano o la gimnasia rítmica.

Así pues, lo que intentaremos en estas páginas es destacar aquellos aspectos relacionados con las habilidades motrices que, por un lado, contribuyen a aumentar el patrimonio motriz de la persona y, por otro lado, le sirven de base para, en etapas posteriores, poder aprender los elementos técnicos de las diferentes disciplinas deportivas.

El primer capítulo se destinará a definir el concepto de habilidad motriz y a analizar brevemente el desarrollo motor humano, es decir, el proceso de adquisición de nuevas conductas motrices en relación con la edad.

En el segundo capítulo se darán algunas ideas básicas sobre los procesos y mecanismos que utilizamos para aprender a ejecutar nuevas habilidades motrices. De forma complementaria, el capítulo tercero tratará sobre la enseñanza de este tipo de habilidades, dándose consejos prácticos sobre cómo concebir, diseñar y llevar a término las actividades y situaciones de enseñanza-aprendizaje.

Los seis capítulos restantes se destinarán a analizar las grandes familias de habilidades motrices básicas.

En el capítulo cuarto se tratarán los desplazamientos, entendidos como las formas que tenemos para ir de un punto a otro del espacio.

Cuando, mediante una extensión rigurosa del tren inferior conseguimos despegar del suelo recorriendo una trayectoria en suspensión, estamos efectuando un salto. El capítulo quinto se destinará a analizar este tipo de habilidades. Al efectuar rotaciones del conjunto del cuerpo alrededor de alguno de sus ejes principales, lo que hacemos es girar. El sexto capítulo de este libro se dedicará a este grupo de movimientos.

Hay muchas actividades deportivas que se fundamentan en el control y manejo de objetos, normalmente balones y pelotas. Al análisis de esta amplia familia de habilidades motrices se destinará el séptimo capítulo.

Hasta el momento, todas las habilidades tratadas se ejecutan en el medio terrestre. Sin embargo, el agua permite la realización de habilidades propias (por ejemplo la natación) o la adaptación de las analizadas en los capítulos precedentes. Por este motivo en el último capítulo, el octavo, se hablará sobre las habilidades realizadas en el medio acuático.

En cada uno de estos capítulos se llevará a cabo un análisis técnico de la ejecución de cada habilidad y una clasificación de aquellas modalidades de su ejecución más presentes en la actividad física y el deporte, acompañada de una descripción técnica específica y de unas breves orientaciones sobre cómo plantear su enseñanza.

1. Las habilidades motrices

¿Dónde estoy?

Cuando leas este capítulo podrás...

Conocer:
- La definición de habilidad motriz.
- Los aspectos fundamentales del desarrollo motor humano.
- La diferencia entre las habilidades motrices básicas y las específicas.
- Una clasificación de las habilidades motrices básicas.

¿Qué son las habilidades motrices?

A lo largo de nuestra vida, las personas nos hallamos en innumerables ocasiones frente a objetivos que deseamos alcanzar o, si se quiere, frente a pequeños o grandes problemas que debemos resolver. Así, podemos afirmar que buena parte de la actividad humana se concreta en una continua resolución de problemas de mayor o menor importancia, trascendencia y complejidad.

Estos problemas se plantean en múltiples situaciones: domésticas (por ejemplo saber cocinar una buena tortilla de patatas) laborales (el obrero enfrentado a la tarea de levantar una pared fiable y resistente) o de ocio (ser capaces de encestar más veces que nuestros rivales en un partido de baloncesto), por sólo poner algunos ejemplos.

Lógicamente, cada problema exige una solución "a medida". Es decir, cada situación concreta requiere una respuesta específica y no hay nadie que se pueda considerar capaz de resolver con éxito cualquier situación que se le plantee. A lo largo de nuestra vida vamos aprendiendo a resolver problemas. La práctica y la experiencia, el aprendizaje en definitiva, nos preparan para resolver diferentes tipos de situaciones.

Dentro de estas situaciones podemos destacar aquellas en las que para su resolución la actividad motriz (es decir, el movimiento intencionado y dirigido) representa un papel de importancia decisiva.

De acuerdo con lo dicho hasta ahora, por *habilidad motriz entendemos la competencia* (grado de éxito o de consecución de las finalidades propuestas) *de un sujeto frente a un objetivo dado, aceptando que, para la consecución de este objetivo, la generación de respuestas motoras, el movimiento, desempeña un papel primordial e insubstituible.*

Anteriormente hemos comentado que la solución a problemas se halla presente en todos los ámbitos de nuestra vida. Lo mismo pasa con las habilidades motrices. Ejecutamos habilidades motrices en nuestra vida cotidiana (hacer la cama o barrer el suelo son dos ejemplos claros), en muchas situaciones laborales o profesionales (un operario manipulando una máquina o un sastre confeccionando una pieza de ropa) y también en nuestros queridos ratos de ocio (ese partidillo de fútbol con las amistades o esa tan conveniente y saludable carrera continua por un parque de nuestra población).

Podemos, por tanto, hablar de tres grandes tipos de habilidades motrices: las **habituales,** que serían aquellas que utilizaríamos en nuestro quehacer diario, las **profesionales,** que corresponderían a nuestro ámbito laboral y las de **ocio.**

Dentro de estas últimas las habilidades **deportivas** son las que más presencia tienen en nuestra realidad social. Es cierto, pero, que no todas las habilidades motrices que utilizamos en nuestro tiempo libre pueden catalogarse como deportivas: un simple vistazo a la pista de una discoteca hará que nos demos cuenta de ello. Sin embargo, sí que podemos afirmar que la mayor parte de acciones motrices no habituales o profesionales se encuadran en lo que podríamos denominar como habilidades deportivas: la carrera de una velocista, el pase en baloncesto, el chut en fútbol, los giros que efectúa una gimnasta, el golpeo de la tenista, etc. El deporte se sustenta en la ejecución de habilidades motrices.

Las habilidades motrices: evolución con la edad

Hasta ahora hemos definido lo que entendemos por habilidad motriz. También hemos diferenciado entre las habilidades motrices habituales, las profesionales y las de ocio, de entre las cuales las deportivas son las que tienen una mayor presencia en nuestra sociedad.

En este apartado analizaremos como evolucionan las habilidades motrices con la edad y diferenciaremos entre las habilidades motrices básicas y las habilidades motrices específicas para, finalmente, introducir una propuesta de clasificación de las primeras.

Los Smith, de Estados Unidos y los Atsu, de Ghana, están de enhorabuena: ambos acaban de ver aumentada su familia con la llegada de recién nacidos: Robert y Akwaba.

Durante los primeros meses de vida los movimientos del pequeño Smith y del pequeño Atsu serán prácticamente idénticos.

Ambos desarrollarán conductas reflejas (innatas, no aprendidas, y automáticas) como chupar, reproducir la secuencia de la marcha si les sostienen sobre el suelo o abrir los brazos y retrasar la cabeza si, suavemente, se les deja caer hacia atrás. Igualmente, sus cuerpecitos se verán sacudidos por movimientos masivos y poco organizados muchas veces como expresión de las sensaciones que van teniendo (hambre, dolor de estómago, intranquilidad, etc.).

Con el paso de los meses los dos empezarán a mantenerse sentados sin ayuda de un adulto, a agarrar objetos, a gatear y, hacia los 14 meses, a andar. Es muy posible que las edades en las que empiecen a desarrollar estas conductas motoras sean, en ambos, muy parecidas. Sin embargo, esto dependerá de muchos aspectos (carga genética, interacción con el entorno, alimentación, dedicación de sus respectivas familias, espacio físico en que vivan) con lo que tenemos que pueden darse variaciones en esta secuencia, incluso es posible que alguno de los dos empiece a andar sin antes, por ejemplo, haber gateado.

Avancemos en el calendario: nuestros amigos ya han cumplido los 6 años. Robert vive en una gran ciudad rodeado de cemento, coches y, sobre todo, de esos objetos decorativos con los que debe tener tanto cuidado ("no toques eso" o "no pases por aquí, cariño" son algunas de las frases que más ha oído desde que tiene uso de razón). Akwaba, por el contrario, vive en una aldea rural donde puede moverse con más libertad y, cuando no está en la escuela, acostumbra a pasar su tiempo libre jugando por el campo: lanza piedras, trepa a los árboles o nada en el río cercano. Posiblemente, Robert haya aprendido a nadar en una piscina municipal y, aunque en pocas ocasiones, también haya llenado sus ratos de ocio lanzando piedras a un blanco más o menos permitido. Es decir, que es muy posible que el repertorio motriz de uno y otro sean más o menos coincidentes. Lo que es seguro es que es mucho más diferente que en etapas anteriores: el ambiente en que viven uno y otro ha influido en ellos.

Con el paso de los años esta diferencia irá en aumento: los bailes de uno y otro serán totalmente diferentes, la cultura de cada sociedad así lo determinará. Es posible que uno de los dos se inicie en algún deporte, las habilidades del cual dominará con gran precisión diferenciándose aun más de su compañero virtual. Finalmente, las habilidades motrices ligadas a su vida cotidiana o profesional también irán, progresivamente, diferenciándose.

Fijémonos pues en que se parte (en el nacimiento) de conductas motoras muy parecidas en sujetos de diferentes entornos para ir, progresivamente, diferenciándose el repertorio motor de acuerdo con toda una serie de condicionantes propios del medio físico, social y cultural en el que cada individuo se desarrolla.

Resumamos: el desarrollo motor humano parte de las conductas motoras innatas (nacemos con una serie de movimientos y actos reflejos "inscritos" en nuestros genes) generalizadas (comunes a la mayoría de individuos), poco

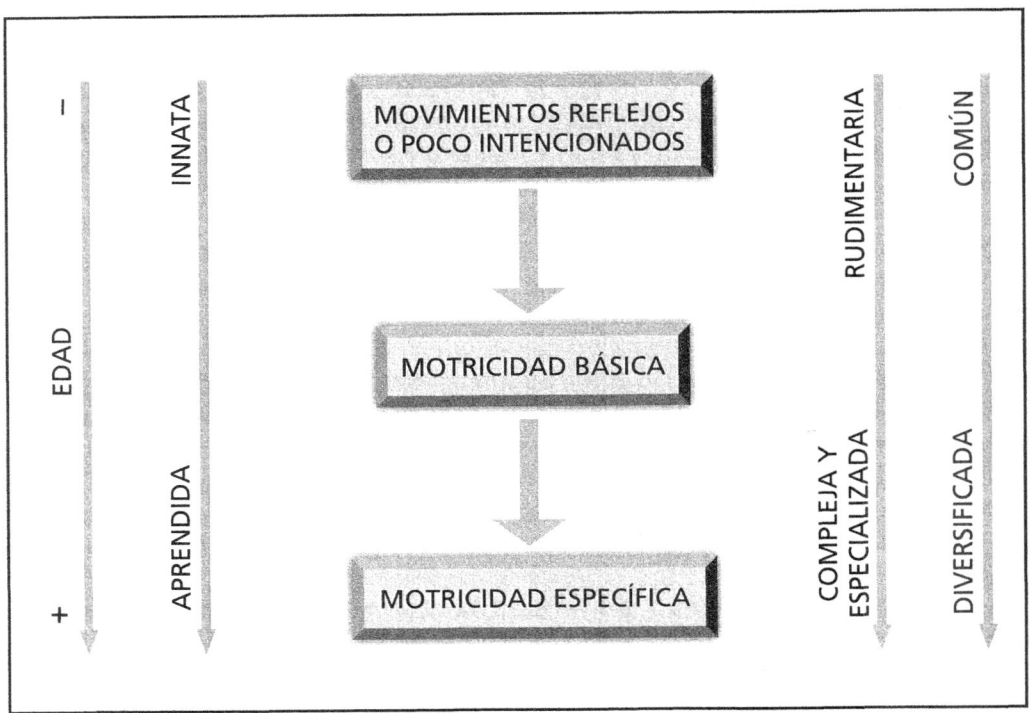

Evolución de la motricidad con la edad.

especializadas y rudimentarias para generar conductas motoras aprendidas, cada vez más complejas, especializadas y propias de cada entorno físico-social-cultural.

Las habilidades motrices básicas y las habilidades motrices específicas

El término "habilidades motrices básicas" está ampliamente difundido en el mundo de la educación física y del deporte.

Nosotros vamos a definirlas como aquellas *familias de habilidades, amplias, generales, comunes a muchos individuos* (por tanto, no propias de una determinada cultura) *y que sirven de fundamento para el aprendizaje posterior de nuevas habilidades* más complejas, especializadas y propias de un entorno cultural concreto.

Vemos, pues, que las habilidades motrices básicas constituyen lo que podemos denominar como el "alfabeto" o, si se quiere, el "vocabulario básico" de nuestra motricidad. Es decir, serían los ladrillos, las piezas con las que podremos construir respuestas motoras más ricas, complejas y adaptadas.

Pongamos un ejemplo. Todos los niños sanos de todo el mundo saben correr, han aprendido la habilidad motriz de la carrera. Vemos que se trata de un aprendizaje generalizado y amplio (es decir, que se puede aplicar en situaciones muy diferenciadas: corremos cuando se nos escapa el autobús, cuando hacemos una carrera o cuando jugamos un partido de fútbol) que puede servir de base para aprender nuevas formas de carrera más complejas y elaboradas, propias de situaciones muchísimo más específicas.

Por ejemplo, la técnica de carrera que aprende un velocista sólo la aplica en un entorno concreto: el del atletismo. Ningún atleta corre igual en la pista que por la calle cuando llega tarde a una cita (tratad de imaginároslo). Igualmente nos cuesta imaginar a una jugadora de baloncesto corriendo con la técnica de una velocista, y nos cuesta, simplemente, porqué la técnica de carrera de la velocista es útil en su entorno y no en otros: no está pensada, con sus grandes zancadas y su alta velocidad, para poder efectuar rápidos cambios de dirección y ritmo sino para alcanzar y mantener, en línea recta y de forma uniforme, la máxima velocidad posible. Vemos, pues, que una habilidad amplia, general y poco especializada (una habilidad motriz básica: la carrera), se ha convertido, con el aprendizaje, en una habilidad especializada, compleja y, sobre todo, propia de un entorno concreto. A este segundo grupo de las habilidades se las conoce como habilidades motrices específicas.

Como es fácil suponer, con un buen repertorio de habilidades básicas se pueden aprender habilidades específicas útiles y eficaces. ¡Claro! Recordad que antes hemos comentado que las habilidades motrices básicas son la base, el fundamento, de aprendizajes posteriores.

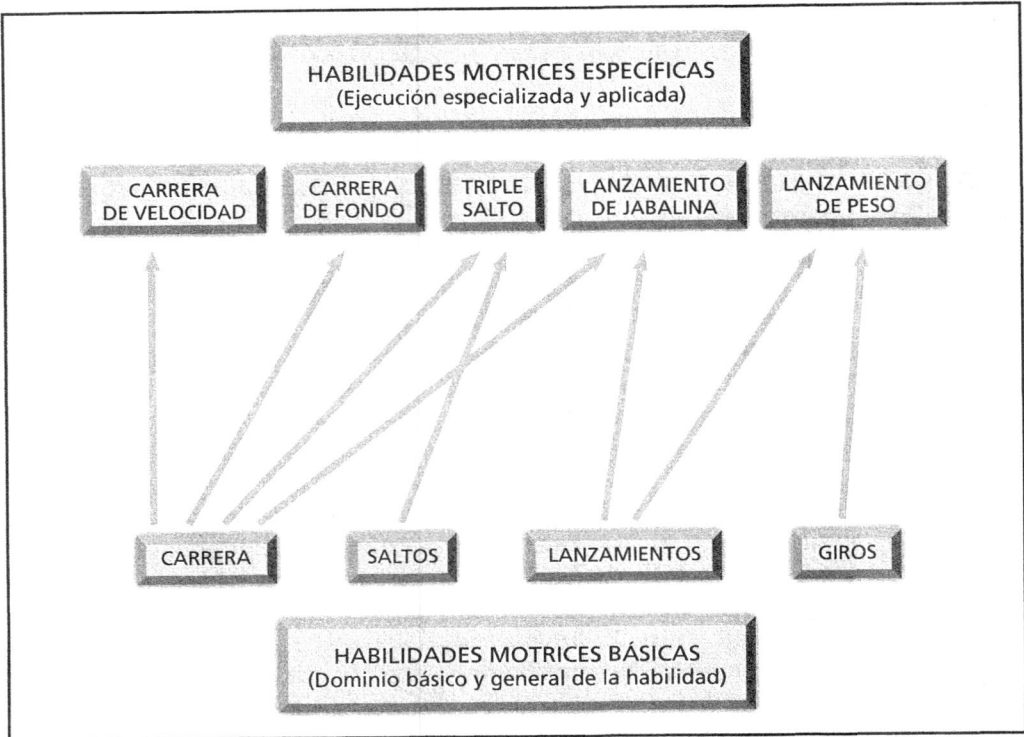

El dominio de las habilidades motrices básicas facilita el aprendizaje de las habilidades específicas. Algunos ejemplos relacionados con el atletismo.

Clasificación de las habilidades motrices básicas

Se suelen distinguir cuatro grandes familias dentro de las HMB: los desplazamientos, los saltos, los giros y el manejo y control de objetos.

Desplazamientos

Se trata de aquellas habilidades cuya función es la traslación del sujeto de un punto a otro del espacio. Distinguimos los **desplazamientos habituales** (marcha y carrera) de los **desplazamientos no habituales.** Dentro de estos últimos se diferencia entre *desplazamientos activos* (horizontales y verticales) y *desplazamientos pasivos.*

Los saltos

Según dice el diccionario, saltar es la acción de levantarse del suelo gracias al impulso del tren inferior.

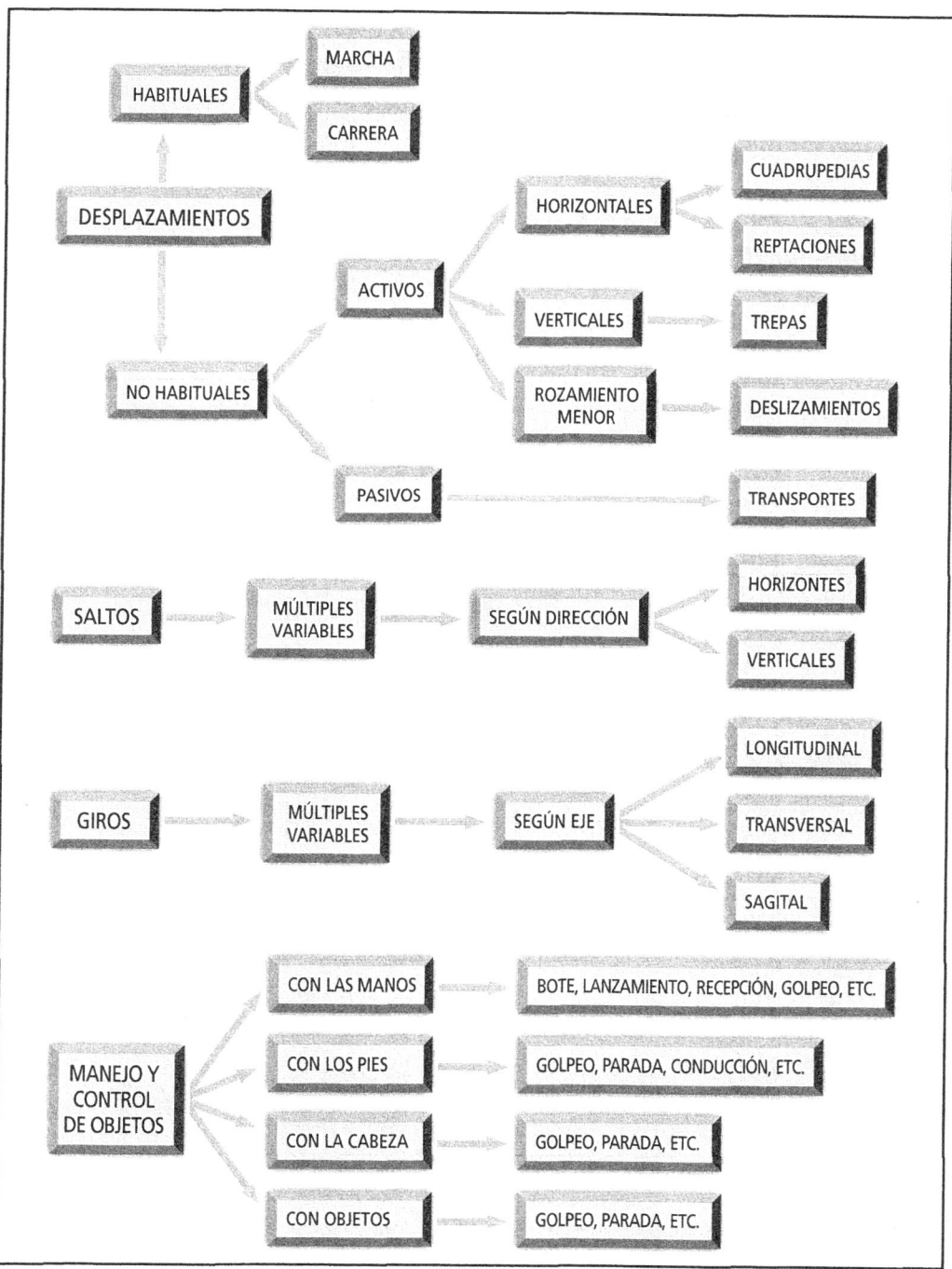

Propuesta de clasificación de las habilidades motrices básicas.

Los giros

Podemos definir los giros como movimientos de rotación del conjunto del cuerpo alrededor de uno de sus ejes longitudinal, transversal y anteroposterior.

El manejo y control de objetos

Dentro de esta familia de movimientos se incluye una gran variedad de acciones lo que hace muy difícil su clasificación y descripción. Distinguiremos las habilidades que se ejecutan con las manos, con la cabeza, con los pies o mediante el uso de objetos.

En resumen, ¿qué es lo importante?

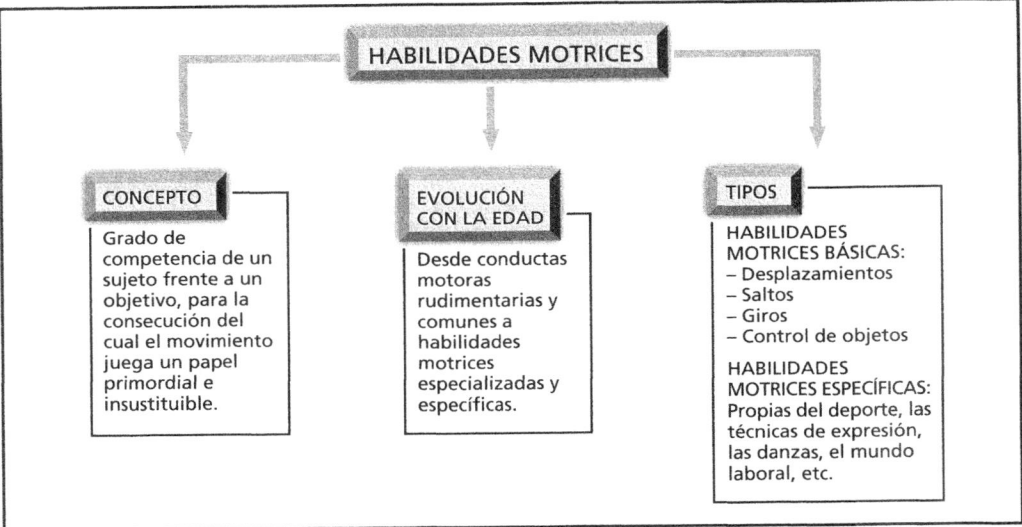

¿Lo tengo claro ahora?

a) *Describe brevemente la evolución de las habilidades motrices con la edad.*

b) *¿Cuáles son las diferencias fundamentales entre habilidad motriz básica y habilidad motriz específica?*

c) *¿Qué papel juegan las habilidades motrices básicas en la adquisición de las habilidades motrices específicas?*

d) *¿Cuáles son los tipos fundamentales de desplazamientos?*

e) *¿Cuáles son los tres ejes principales de giro del cuerpo humano?*

2. ¿Cómo se aprenden las habilidades motrices?

¿Dónde estoy?

HABILIDADES MOTRICES

LAS HABILIDADES MOTRICES	LOS SALTOS
¿CÓMO SE APRENDEN LAS HABILIDADES MOTRICES?	LOS GIROS
¿CÓMO SE ENSEÑAN LAS HABILIDADES MOTRICES?	MANEJO Y CONTROL DE OBJETOS
LOS DESPLAZAMIENTOS	LAS ACTIVIDADES ACUÁTICAS

Cuando leas este capítulo podrás...

• Dar un repaso a las dos teorías más utilizadas para explicar el aprendizaje y el control de las habilidades motrices.

• Conocer como aprendemos a controlar la ejecución de las habilidades motrices o, dicho con otras palabras, que es lo que almacenamos en la memoria cuando aprendemos a ejecutar una nueva habilidad motriz.

Los programas motores como elementos de control motor

¿Todos los movimientos se controlan igual?

Cuando necesitamos saber qué estamos haciendo y cómo lo estamos haciendo

Imaginemos a una persona caminando sobre una estrecha barra de equilibrios.

Para conseguir su objetivo (cruzar la barra sin caerse de ella) lo primero que hará, lógicamente, es empezar a andar. Una vez iniciado el movimiento deberá hacer todo lo posible para mantener el equilibrio, es decir, para contrarrestar las desviaciones que le puedan hacer perder la estabilidad.

Para ello tendrá que recibir, de forma constante, informaciones relativas a su ejecución motriz (postura, presión sobre las plantas de los pies, etc.) y compararlas con aquellas que él sabe que son las correctas de cara a mantener el equilibrio. Dicho con otras palabras, constantemente recibirá información sobre su ejecución y la comparará con unos valores de referencia. Si la comparación indica algún tipo de desviación la intentará corregir, si la comparación indica coincidencia, mantendrá su ejecución estable.

Gráficamente, podríamos representar este proceso de la siguiente manera:

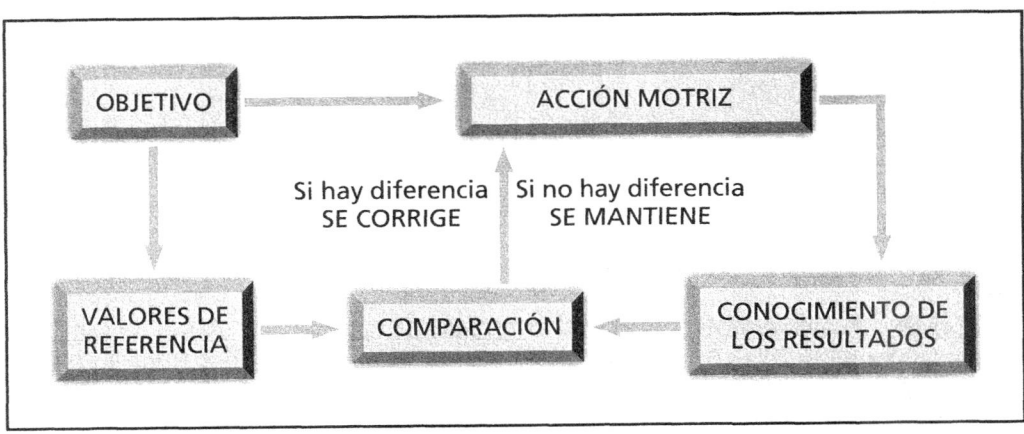

El control motor en bucle cerrado.

La mayor parte de las órdenes necesarias para efectuar un lanzamiento deben darse antes de su inicio.

En algunas habilidades, en este caso los deslizamientos, la mayor parte de las órdenes se van dando a lo largo de su ejecución.

Para efectuar golpeos del balón con la cabeza, se combina el control motor en bucle cerrado (colocación) y el control motor en bucle abierto (golpeo).

La carrera es un ejemplo claro de control motor en bucle cerrado.

Vemos que se trata de un proceso cíclico y continuo, ya que la recepción y comparación de la información, así como la aplicación de las correcciones son procesos que deben mantenerse hasta que finaliza la actividad.

El control motor en bucle cerrado como proceso cíclico.

Por este motivo, a este tipo de control motor se le conoce con el nombre de control motor en bucle cerrado.

Esta modalidad de control motor se podrá usar en habilidades continuas (es decir que no sean de ejecución única) y de ejecución relativamente lenta, como, por ejemplo, hacer una vertical de manos, andar por encima de una barra o ir en bicicleta.

Por contra, si analizamos la conducta motora humana, veremos que existen multitud de actos motores que, o son de ejecución única (lanzar un balón a la canasta), o se realizan de forma tan rápida que no dan tiempo a efectuar correcciones (escribir a máquina), por lo que el control motor en bucle cerrado no sirve para explicar cual es su mecanismo de regulación.

Este hecho llevó a los expertos a formular la hipótesis de la existencia de otro tipo de control motor, el "control por bucle abierto" que, como veremos, implica la existencia de los programas motores.

Cuando tenemos que dar todas las órdenes antes de empezar el movimiento

Imaginemos ahora a un individuo lanzando un dardo hacia una diana. De forma previa al inicio del lanzamiento, nuestro sujeto deberá (calibrando diferentes aspectos como la distancia que le separa del blanco, el peso del dardo, etc.) programar la ejecución de la habilidad. Esta programación previa de la respuesta deberá incluir todos sus elementos ya que, una vez iniciada, no se podrá efectuar ninguna corrección o modificación (el movimiento es tan rápido que no permite que tengan lugar los procesos de comparación y corrección propios del anterior modelo de control motor).

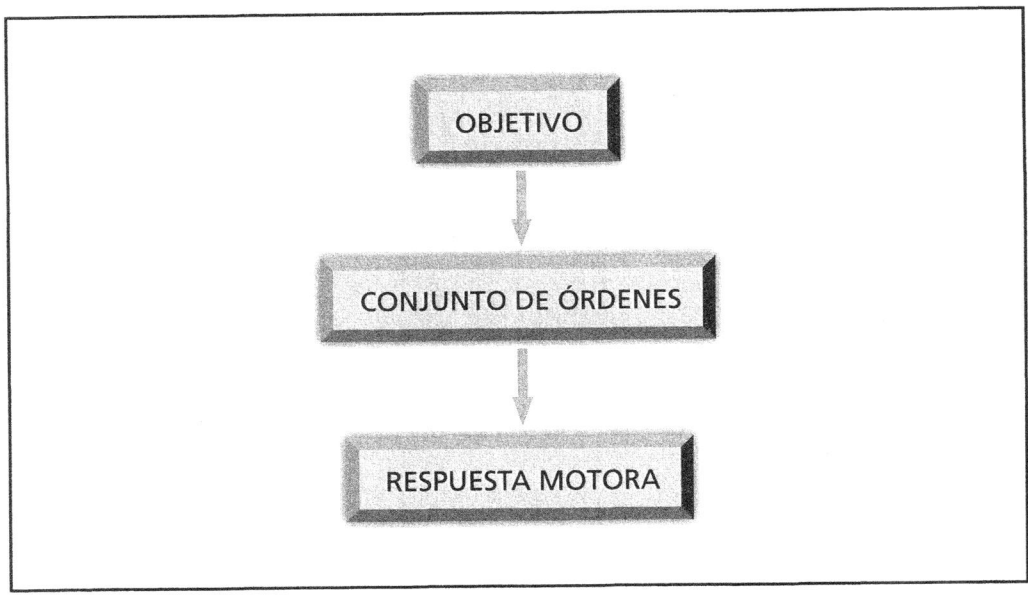

El control motor en bucle abierto.

Por no tratarse de un proceso cíclico sino lineal, a esta modalidad de control de las acciones motrices se la conoce como control motor en bucle abierto.

Como podemos comprobar, en este tipo de control motor destaca, por su importancia, el conjunto de órdenes previas cuya función es la regulación y el control de la respuesta. Este elemento recibe el nombre de programa motor.

Los programas motores

¿Existe un programa motor para cada ejecución concreta de una habilidad?

Admitir la existencia de los programas motores (hecho, por otro lado, innegable), plantea dos grandes problemas:

a) *La gran variedad de formas de ejecución de una misma habilidad.*

Analicemos una habilidad cualquiera, por ejemplo, el lanzamiento a canasta en baloncesto. Una jugadora más o menos experta será capaz de efectuar esta habilidad con una gran variedad de formas: desde distancias diferentes, con ángulos de tiro variados, desde posturas diversas, etc. La combinación de estos y otros muchos factores da una gama variadísima de formas de realización de la misma habilidad. Además, como las condiciones concretas de cada lanzamiento son diferentes en cada caso, el conjunto de órdenes que lo regule también deberá variar: la fuerza del tiro o la posición de la muñeca, por ejemplo, deberán ser específicas para cada lanzamiento.

Esto quiere decir que para cada ejecución concreta de la habilidad nuestra jugadora deberá disponer de un programa motor diferenciado y específico: miles de programas motores diferentes para miles de lanzamientos diferentes.

Sumemos ahora los programas motores de las otras habilidades: pase, recepción, carrera, salto, giro, etc. Tendremos una cantidad enorme de programas motores diferenciados que deberán estar almacenados en la memoria. **Imposible,** la capacidad de la memoria humana es limitada y no somos capaces de almacenar tantos conjuntos diferenciados de órdenes.

b) *La ejecución de respuestas nunca antes realizadas.*

Los programas motores son, lógicamente, productos del aprendizaje. La práctica correctamente planteada de una habilidad lleva al sujeto a aprender, a memorizar, cuáles son las órdenes que debe dar para tener éxito en su ejecución. Podemos, por tanto, afirmar que no dispondremos de un programa motor si no hemos practicado previamente, es decir, si no lo hemos aprendido y memorizado.

Sin embargo, muchos deportistas de un cierto nivel son capaces de improvisar, es decir, de realizar acciones que, hasta ese momento, nunca habían sido llevadas a cabo; son capaces, en definitiva, de ejecutar movimientos inéditos.

¿Cómo es esto posible? Si nunca habían practicado esta ejecución concreta de la habilidad no pueden haber memorizado su programa motor y, por tanto, no pueden ejecutarlo. Y, sin embargo, lo hacen...

Vemos, pues, que surgen dos problemas, la enorme cantidad de programas a almacenar y la aparente imposibilidad de ejecutar movimientos nuevos, que nos llevan a dudar de la existencia de los programas motores como elementos específicos de control para cada ejecución concreta de una habilidad.

Los programas motores generalizados y los esquemas motores

Basándose en estas reflexiones, uno de los teóricos más importante del aprendizaje motor, Richard Schmidt formuló, en la década de los 70 la teoría del esquema, donde se distinguen dos elementos de especial relevancia Schmidt afirma que lo que almacenamos en nuestra memoria no son patrones motores concretos y específicos para la ejecución de un gesto único, sino *programas motores generalizados* que guían la ejecución de familias de habilidades motrices. Es decir, que una jugadora de baloncesto no almacena un patrón motor específico para cada lanzamiento a canasta, sino que almacena un patrón motor generalizado del "lanzamiento a canasta", patrón que es capaz de adecuar y adaptar en cada situación concreta de ejecución.

Esta explicación del control motor permite solucionar los dos problemas mencionados con anterioridad:

• Por un lado, la existencia de programas motores generalizados en lugar de programas motores específicos para cada gesto, permite explicar que, aun teniendo en cuenta la limitada capacidad de nuestra memoria, seamos capaces de almacenar y ejecutar una amplia variedad de respuestas motoras.

• Por otro lado permite explicar la ejecución de respuestas supuestamente nuevas. Decimos supuestamente nuevas porque, de hecho estas respuestas no constituirían una creación a partir de la nada, sino, simplemente, una adaptación específica de un programa motor generalizado ya almacenado en la memoria del sujeto.

Estos programas motores generalizados se encargarían de almacenar los elementos comunes o siempre presentes en la ejecución de una familia de habilidades (el lanzamiento a canasta por ejemplo). Según parece, estos aspectos comunes se refieren a trayectorias de movimiento y a ritmos de ejecución.

Sin embargo, en cada ejecución concreta de una habilidad hay toda una serie de aspectos que son variables como la velocidad y amplitud de los movimientos o la fuerza ejercida, por sólo poner algunos ejemplos.

¿Qué se encarga de regular la ejecución de estos aspectos variables del movimiento?

Según Schmidt, la regulación de estos factores es responsabilidad de lo que él denominó "esquemas motores". De esta forma, se definen los esquemas motores como conjuntos de reglas que permiten contextualizar nuestra actividad motriz, es decir, aplicarla de formas variadas según las condiciones concretas de ejecución.

Pongamos como ejemplo a un sujeto lanzando un balón a la canasta desde diferentes distancias. La fuerza que este sujeto deberá ejercer sobre la pelota estará, lógicamente, en relación con la distancia desde la que lance: cuanto más lejos se sitúe, con más fuerza deberá ejecutar el lanzamiento.

Si este sujeto practica de forma correcta, llegará a establecer una relación entre la distancia de lanzamiento y la fuerza que debe ejercer. No será, de esta forma, necesario que memorice todos los pares posibles de distancia-fuerza, sino la regla que relaciona ambos parámetros. Esta regla será lo que almacenaremos en el esquema motor.

Poniendo un símil lingüístico, cuando aprendemos a acentuar palabras, no memorizamos todas las palabras que llevan acento, sino las reglas de acentuación. Igualmente, cuando aprendemos a lanzar un balón, no memorizamos la fuerza que debemos realizar desde cada distancia, sino una regla que relaciona ambos parámetros.

Lógicamente, en la ejecución de una habilidad motriz hay muchos aspectos a relacionar. Por este motivo, los esquemas motores serán conjuntos de reglas que permitirán la contextualización de la respuesta de una habilidad.

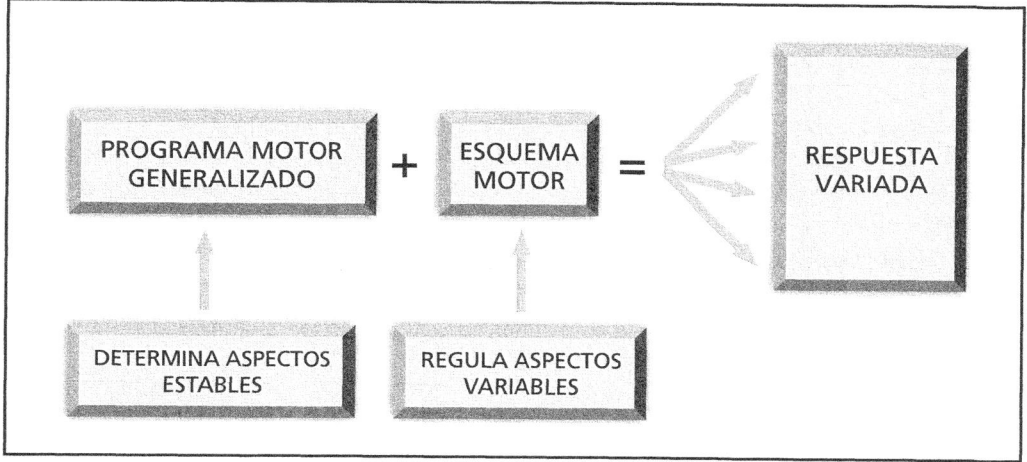

Programas motores y esquemas motores.

Resumiendo, cuando aprendemos una habilidad motriz almacenamos sus aspectos comunes y generales en los programas motores generalizados, mientras que en los esquemas motores almacenamos el conjunto de reglas que permiten su ejecución diferenciada y contextualizada. Así, la ejecución motriz se deberá a la acción combinada de programas motores y esquemas motores.

Las habilidades motrices consideradas como procesos de tratamiento de la información

Una vez repasados algunos aspectos básicos relativos a los programas motores, destinaremos este apartado a la segunda gran línea de estudio relacionada con el aprendizaje y control de las habilidades motrices, la que considera las habilidades motrices como procesos de tratamiento de la información.

Si analizamos las acciones que desarrolla, por ejemplo, un futbolista, distinguiremos tres grandes tipos de procesos:

• Por un lado recoge, de forma constante, informaciones del entorno y de su propio estado: a que distancia se halla de la portería, si tiene compañeros o adversarios cerca, si está en una postura equilibrada, etc.

• Basándose en estas informaciones, decide que respuesta llevará a cabo: desmarcarse, chutar, pasar, etc.

• Finalmente, pone en práctica aquella respuesta que ha decidido realizar.

Podemos concluir que la conducta motriz implica toda una serie de procesos de recogida, análisis y tratamiento de la información que pueden agruparse en tres grandes mecanismos:

• Mecanismo perceptivo: cuya función es obtener, analizar e interpretar la información que proviene tanto del entorno como del propio sujeto.

• Mecanismo decisional: destinado a escoger, de entre todas las respuestas posibles, aquella que más se ajusta a las características y necesidades de cada situación concreta.

• Mecanismo efector: que consiste en llevar a cabo la respuesta escogida.

Antes de entrar en la descripción de estos tres mecanismos, es necesario diferenciar entre dos grandes tipos de habilidades motrices: las habilidades motrices abiertas y las habilidades motrices cerradas.

• *Habilidades motrices abiertas.* Son aquellas que tienen lugar en entornos desconocidos y difíciles de prever, es decir, con un grado elevado de incertidumbre. Esta incertidumbre hace que sea difícil saber que respuesta motriz se llevará a cabo y de que forma concreta se realizará.

Una jugadora de baloncesto, por ejemplo, desconoce en que momento y en que dirección pasará la pelota ya que esto depende de múltiples factores imposibles de prever: situación en el campo, proximidad de compañeras y adversarias, propias posibilidades de acción, etc.

• *Habilidades motrices cerradas.* Son las que se realizan en entornos conocidos, estables y fáciles de prever, es decir, con un grado bajo de incertidumbre. Esta baja incertidumbre ocasiona que sea sencillo saber que respuesta motriz se llevará a cabo.

Un saltador de longitud no debe estar pendiente de su entorno a la hora de llevar a cabo su actividad ya que éste es casi totalmente estable y conocido. Dicho con otras palabras, casi ningún aspecto relacionado con su entorno hará que tenga que modificar la respuesta prevista.

Lógicamente, el papel de los procesos perceptivos, decisionales y de ejecución variará de forma importante en uno u otro tipo de habilidades.

El mecanismo perceptivo

Es el conjunto de procesos encargado de obtener e interpretar la información proveniente tanto del entorno como del propio sujeto y, de esta forma, aportar la información necesaria para el desarrollo de la acción motriz.

Tiene una gran importancia en las habilidades abiertas ya que la ejecución de estas debe adaptarse a un entorno cambiante e imprevisible. En las habilidades cerradas pierde parte de su importancia y se suele centrar, dado el carácter estable del entorno, en obtener informaciones relativas al propio estado del sujeto.

La búsqueda activa de la información

Las informaciones que provienen del entorno no son recibidas de forma pasiva por la persona, sino que ésta debe desarrollar toda una serie de actuaciones que le proporcionen aquellas informaciones necesarias para el desarrollo de su actividad.

Es muy importante, en el aprendizaje de las habilidades motrices (sobre todo las abiertas), remarcar la necesidad de ir a buscar aquellas informaciones que hacen falta para programar y ejecutar la respuesta motriz.

El filtraje selectivo de la información

De la multitud de estímulos (o informaciones) que constantemente recibimos del ambiente, debemos seleccionar sólo aquellos que sean significativos (importantes) en relación con la habilidad que deseamos ejecutar. Así, por ejemplo, una jugadora de voleibol seleccionará algunas informaciones relevantes (trayectoria de la pelota o situación de las compañeras, por ejemplo) y descartará aquellas que no tengan importancia (color de la pared, gritos del público, etc.).

El proceso mediante el cual se seleccionan sólo aquellas informaciones significativas y se descarta el resto se conoce como el filtraje selectivo de la información y está condicionado por tres grandes factores: la edad del sujeto, su experiencia y las características del estímulo.

a) *La edad del sujeto.*

A menor edad, mayor dificultad para seleccionar los aspectos significativos.

b) *Experiencia previa.*

Son diversas las investigaciones que demuestran que los expertos poseen una alta capacidad para distinguir aquellos aspectos significativos y fijar su atención en ellos. Este hecho nos debe hacer pensar en la necesidad de facilitar los aprendizajes perceptivos cuando se este aprendiendo una nueva habilidad motriz.

c) *Características del estímulo.*

En algunas ocasiones, algunos estímulos poco o nada importantes para el desarrollo de la acción motriz, son tenidos en cuenta debido a alguna de sus características como la intensidad o el factor sorpresa.

Dada la importancia (sobre todo en las habilidades abiertas) de este proceso de filtraje selectivo, somos de la opinión de que debería tratarse de forma correcta en el proceso de enseñanza-aprendizaje de una habilidad motriz. Dicho con otras palabras, los profesores y profesoras deben ayudar a los aprendices a seleccionar aquellas informaciones significativas y relevantes para la ejecución de la habilidad que están intentando enseñar.

La abstracción de las características del ambiente

Una vez buscada, recibida y seleccionada la información, el sujeto debe interpretarla y dotarla de significado. De esta forma, no sólo se trata de fijarse, por ejemplo, en la trayectoria de la pelota sino que, a partir de ella, se debe deducir en que punto vamos a ser capaces de interceptarla. Igualmente, la visión de las posiciones que los contrarios ocupan en el terreno de juego, nos debe servir para descubrir que sistema táctico están utilizando.

Se ha demostrado que la edad y la experiencia influyen en este proceso de abstracción de las características del entorno. Así, a menos edad más cantidad de información es necesaria para poder interpretar la realidad. De la misma manera, a mayor experiencia, menos información se precisa para poder deducir las características del ambiente.

Este proceso tiene una gran importancia en las habilidades motrices abiertas, ya que su ejecución depende, justamente, de las características concretas del entorno donde tienen lugar. Es por ello que, en el proceso de enseñanza de este tipo de habilidades se insistirá en que los alumnos aprendan a dar sentido a aquello que perciben.

Procesos perceptivos en las habilidades motrices abiertas y en las habilidades motrices cerradas

De todo lo que hemos dicho se puede deducir que los procesos perceptivos tienen, en general, mucha más importancia en las habilidades abiertas que en las cerradas. No podemos olvidar que las primeras se ejecutan de forma totalmente adaptada a las características del entorno. Por este motivo, saber determinar claramente cuáles son estas características es un paso previo e imprescindible para tener éxito en la ejecución de la habilidad.

Por este motivo, las situaciones de enseñanza-aprendizaje de este tipo de habilidades deberán plantearse de tal forma que los aspectos perceptivos se trabajen de forma correcta y adecuada.

Contrariamente, en la ejecución de las habilidades cerradas, el entorno se conoce y es estable, por lo que la captación de sus características tiene menos importancia. Normalmente, los procesos perceptivos propios de este tipo de habilidades se encargarán de analizar las propias condiciones y posibilidades de ejecución.

El mecanismo decisional

Una vez se ha obtenido información sobre el entorno, llega el momento de decidir qué respuesta motora se va a ejecutar. De esto se encarga el mecanismo decisional.

Esta selección de la respuesta es más lenta en el niño que en el adulto. La razón debe buscarse en las limitaciones que tienen los niños tanto en la capacidad de su memoria como en su capacidad de tratamiento de la información.

Igualmente, los expertos necesitan menos tiempo que los principiantes para decidir que respuesta deben ejecutar. Parece claro que la práctica bien planteada lleva al sujeto a reducir el coste, tanto temporal como de atención, que la toma de decisión implica, llegándose, incluso, a automatizar este proceso.

El mecanismo decisional en las habilidades motrices abiertas y en las habilidades motrices cerradas

Una de las características más importantes de las habilidades abiertas es que su ejecución debe adaptarse a las características concretas del entorno donde tienen lugar. Esto quiere decir que habrá una gama amplia de respuestas de la cual deberá escogerse, en el mínimo tiempo posible, aquella que más se adapte a cada situación específica. Por ejemplo, una jugadora de baloncesto deberá escoger, a la hora de efectuar un pase, de entre las diferentes modalidades de éste, aquella que más de adapte a la situación de juego en la que se halla.

Vemos, por tanto, que el mecanismo decisional representa un papel de gran trascendencia en la ejecución de las habilidades motrices abiertas y que, por este motivo, deberá ser tenido muy en cuenta a la hora de plantear situaciones de enseñanza-aprendizaje.

Por contra, las habilidades cerradas se caracterizan por su baja gama de posibilidades de ejecución y por la poca urgencia temporal que se da en la selección de la respuesta. Un salto de longitud, por ejemplo, no se efectuará de forma muy diferenciada en diversas competiciones; su ejecución será, prácticamente estable y uniforme. Además, las posibles variaciones que deban efectuarse, no deberán decidirse rápidamente, sino que el atleta dispone de tiempo para decantarse por una u otra opción.

El mecanismo efector

Una vez decidida la respuesta motora es necesario ejecutarla de forma correcta. De esto se encarga el mecanismo efector.

Durante esta fase se produce una especificación de los programas motores de tal forma que se adapten a la situación concreta en la que se aplican.

Para ampliar este aspecto, remitimos al lector al apartado anterior, donde se ha tratado el tema de los programas y esquemas motores.

En resumen, ¿qué es lo importante?

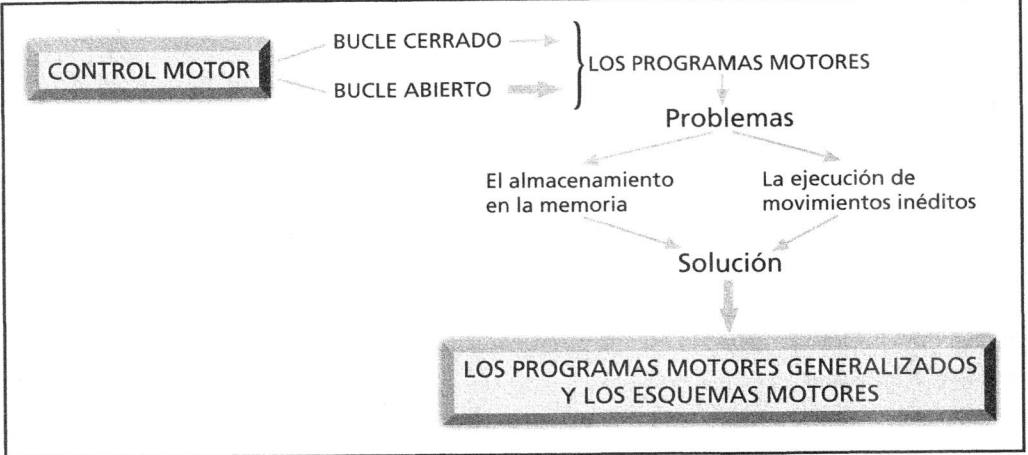

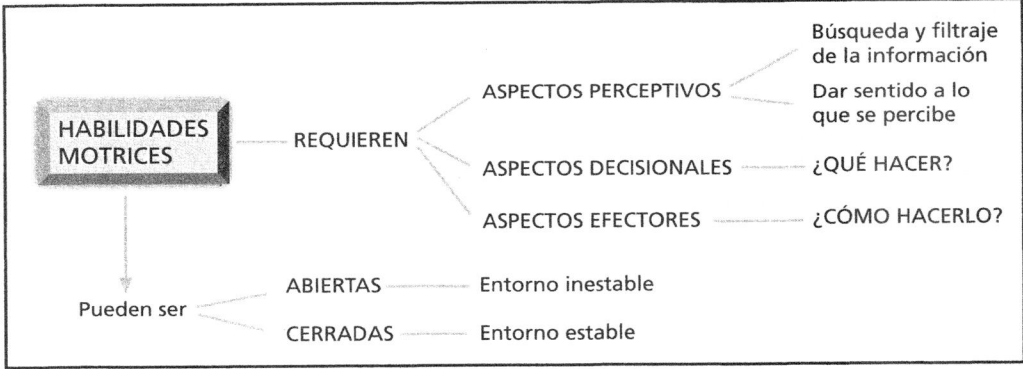

¿Lo tengo claro ahora?

a) *Pon tres ejemplos de habilidades controladas en bucle cerrado y tres en bucle abierto.*

b) *¿Qué almacenan los programas motores generalizados?*

c) *¿Y los esquemas motores?*

d) *Pon tres ejemplos de habilidades abiertas y tres de habilidades cerradas.*

e) *¿En qué tipo de habilidades (abiertas o cerradas) son más importantes los mecanismos perceptivo y decisional?*

3. ¿Cómo se enseñan las habilidades motrices?

¿Dónde estoy?

Cuando leas este capítulo podrás...

　　• Conocer orientaciones para planificar, programar y llevar a cabo el proceso de enseñanza-aprendizaje de las habilidades motrices.

Aspectos generales

Las ganas de aprender: motivación y activación

Hoy en día está unánimemente aceptada la idea de que la motivación es una condición básica para el aprendizaje. Son diversos los autores que coinciden en que, para aprender, el individuo debe enfrentarse a una situación que le estimule, le produzca tensión y le cree unas expectativas. Podemos, en este sentido, decir que aprendemos para equilibrarnos, para mejorar nuestro bienestar.

Muchas veces pensamos que, simplemente con proponer actividades divertidas, estamos motivando a nuestros alumnos. Quizá, lo que pasa es que confundimos motivación con diversión. Sin ánimo de extendernos, destacaremos algunos aspectos que deben darse para facilitar la motivación del alumnado:

• El aprendiz debe ver el sentido y la utilidad real de aquello que se le quiere enseñar.

• Igualmente, debe sentirse capaz de aprender. De esta forma, la práctica deberá ajustarse a las posibilidades reales del alumnado. Si la dificultad es excesiva se corre el riesgo de generar un sentimiento de incapacidad que llevará a la desmotivación. Por el contrario, niveles bajos de dificultad llevan al alumnado al desinterés y al aburrimiento.

• Es fundamental informar, de forma correcta, sencilla y clara, sobre aquello que pretendemos de nuestros/as alumnos/as. Los objetivos se plantearán tanto a corto como a medio plazo, con la doble función de motivar y de informar sobre la progresión general.

• La información sobre la ejecución (conocimiento de los resultados) deberá contribuir a que el aprendiz atribuya causas correctas a los resultados obtenidos.

• Es importante crear un ambiente positivo que anime a practicar sin miedo al fracaso. Es conveniente informar al alumnado sobre la existencia de mesetas (o períodos de estancamiento) en todo proceso de aprendizaje.

• Finalmente se procurará que las actividades sean divertidas y variadas, huyendo de la monotonía.

Nivel de activación y aprendizaje

El nivel de activación puede definirse (quizás de forma un poco simplista) como el grado de ansiedad o estrés de un sujeto frente a una tarea determinada. Se ha comprobado que puede establecerse, para cada individuo, una relación entre el nivel de activación y el rendimiento y que ésta se puede representar gráficamente de la siguiente forma:

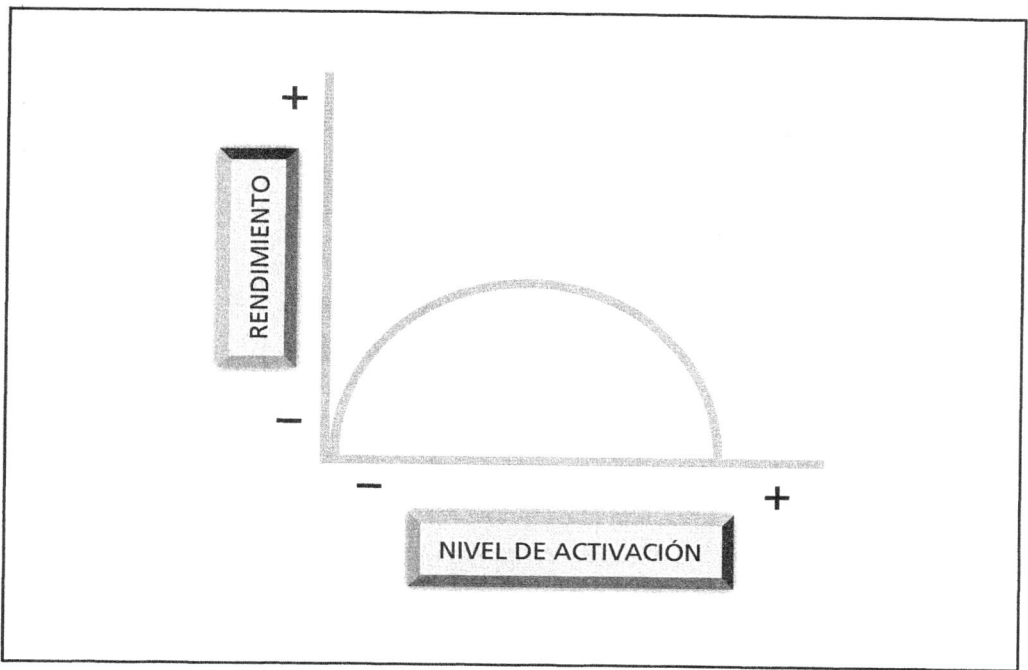

Relación entre el nivel de activación y el rendimiento.

La gráfica, en forma de "U" invertida, representa que hay un nivel de activación óptimo para el rendimiento y que, por encima o por debajo de éste, la ejecución se ve empeorada. Esta correspondencia entre activación y rendimiento no sólo depende de cada sujeto, sino que se relaciona también con diferentes características de la tarea:

• La dificultad de la tarea: a más dificultad se admiten menores niveles de activación.

• Los requerimientos de la tarea: las actividades que demandan vigor físico (fuerza, resistencia, etc.) admiten niveles de activación más altos que aquellas que exigen precisión en su ejecución.

¿Cómo se puede incidir sobre el nivel de activación? Aun, tratándose de un aspecto individual, existen diferentes estrategias que se pueden utilizar para tratar de aumentar o disminuir el nivel de activación de los aprendices:

• El juego: la utilización de situaciones lúdicas suele aumentar el nivel de activación del alumnado.

• La competición: plantear las actividades de forma competitiva puede, en algunos casos, aumentar el nivel de activación de los participantes.

• El uso de elementos reforzadores: como premios, refuerzos afectivos, etc. puede, igualmente, aumentar el nivel de activación.

Finalmente, es conveniente hacer notar que, en los momentos iniciales del aprendizaje, los sujetos suelen presentar un nivel alto de activación, por lo que el profesor se abstendrá de aumentarlo con otros medios. En cambio, conforme avanza el proceso de aprendizaje, puede hacerse necesario elevar el nivel de activación, para evitar caer en la monotonía y el desinterés.

Saber a quién se enseña: los conocimientos previos

Hoy en día nadie duda de la necesidad de partir de lo que el aprendiz ya sabe a la hora de plantear un nuevo aprendizaje. Efectivamente, aprender es un proceso de reconstrucción constante, donde los conocimientos previos sirven de base para las nuevas adquisiciones.

Por ello se hace necesario:

• Conocer el nivel inicial del alumnado. Esta información se puede obtener mediante el uso de instrumentos de evaluación.

• Graduar la dificultad de las actividades y diversificar las condiciones de práctica, permitiendo que cada individuo se ejercite en aquel nivel que le es más conveniente.

• Evaluar, de forma constante, el proceso de aprendizaje para, así, poder efectuar las adaptaciones necesarias.

La necesidad de informar correctamente

El aporte correcto de información se ha revelado como uno de los aspectos más importantes para facilitar el éxito en los aprendizajes motrices. Esta transmisión de la información debe cumplir los siguientes requisitos generales:

• Debe ser clara y fácil de comprender. Se deben evitar lenguajes técnicos complicados, a no ser que el nivel de los sujetos obligue a su utilización.

• Debe ser breve. Nunca se debe dar demasiada información ya que se corre el riesgo de sobrecargar al alumnado. Este requisito es tanto más importante cuanto menores sean los aprendices.

• Debe afectar a los aspectos realmente importantes y significativos de cara a la ejecución de la habilidad, ignorando aquellos que sean secundarios.

La información inicial

Es la que se da de forma previa al inicio de la actividad y deben tenerse en cuenta los siguientes aspectos:

• Hay que informar claramente de aquello que se pretende del alumnado.

• Debe tenerse presente que los alumnos no son "tabulas rasas", es decir, que en muchas ocasiones, ya tienen una serie de conocimientos y opiniones formadas sobre lo que queremos enseñar. Es muy importante conocer, en la medida de lo posible, estas opiniones previas.

• La información tiene que llegar de forma correcta a todos los miembros del grupo.

• Debe transcurrir poco tiempo entre la información y el inicio de la práctica.

La demostración

Uno de los recursos más utilizados a la hora de dar información inicial es la demostración. En relación con ella, creemos que es importante destacar:

• Cuando se utiliza una demostración no se sabe a ciencia cierta en qué se están fijando los alumnos y se corre el riesgo de que presten atención a demasiados aspectos de forma simultánea.

• Igualmente, debemos preguntarnos si quien efectúa la demostración no comete errores. En caso de que los cometa, nadie nos asegura que el alumno se fije en lo que se ejecuta correctamente y no en los errores cometidos

Con estas consideraciones no queremos desaconsejar la utilización de la demostración sino, simplemente, alertar sobre los riesgos reales que implica.

Saber qué se ha hecho y cómo se ha hecho: el conocimiento de los resultados

El conocimiento de los resultados (CR), también denominado "feed-back" o retroinformación, es considerado por muchos autores como un elemento clave dentro del aprendizaje de las habilidades motrices, y puede definirse como toda aquella información que el sujeto obtiene sobre la ejecución y los efectos de la acción motriz que está desarrollando o ha desarrollado.

En la actualidad se distingue entre el CR, definido como un conocimiento de los efectos de la acción ejecutada, y lo que se podría denominar como "Conocimiento de la Ejecución" (CE), entendido como la información que el individuo obtiene sobre la propia ejecución de esta acción. Por ejemplo, a la hora de lanzar a canasta, el CR informará sobre si se ha conseguido el objetivo propuesto (encestar), mientras que el CE lo hará sobre las condiciones en las que se ha desarrollado el lanzamiento.

Se puede afirmar que, para que el CR y el CE sean eficaces deben cumplirse las siguientes condiciones:

• Es conveniente informar sobre la acción efectuada justo al finalizar esta, sin que se interponga ninguna otra tarea entre la ejecución y la recepción de la información.

• Igualmente, se ha comprobado que entre la recepción de la información y el inicio de una nueva ejecución debe dejarse un tiempo prudencial (ni muy corto ni muy largo), para permitir que el sujeto reoriente su plan de acción.

- Debe tenerse en cuenta que las consecuencias positivas del CR y el CE no se limitan únicamente a proporcionar información, sino que también suponen efectos beneficiosos sobre la motivación y el nivel de activación del sujeto.

Cuánto y cuándo y cómo practicar

La práctica es, lógicamente, uno de los pilares más importantes del proceso de enseñanza-aprendizaje. Sin embargo, diversos estudios muestran que la práctica, por si sola, no garantiza el aprendizaje. Las palabras de Lawther (1983) son muy esclarecedoras: *"La práctica en sí misma no constituye una garantía de aprendizaje [...] La escritura es algo que se practica durante la mayor parte de la vida y, sin embargo, es probable que desde hace ya mucho tiempo haya dejado de mejorar y que tienda cada vez a ser menos legible"* (p. 108).

A lo largo de este apartado, repasaremos algunos de los requisitos que debe cumplir la práctica para facilitar el aprendizaje de las habilidades motrices.

Cuánto y cuándo practicar

La duración de la práctica (el tiempo destinado a cada sesión de aprendizaje) deberá, para ser óptima, estar condicionada por diferentes aspectos:

- La edad de los sujetos: de tal forma que, a menor edad, menor debe ser el tiempo de práctica.
- La complejidad de las tareas: a mayor dificultad, menor tiempo de práctica.
- El nivel de los aprendices: a menor nivel, menores tiempos de práctica.

Por otro lado, y con relación a la distribución de las sesiones de práctica, parecen ser más efectivas las sesiones cortas y seguidas que las largas y distanciadas.

Practicar con éxito: la adaptación de las condiciones de práctica

Parece demostrado que lo que se conoce como práctica con éxito (es decir, aquella práctica en la que el aprendiz resuelve de forma correcta las tareas planteadas) sí que influye de forma decisiva en el aprendizaje. Es decir, que más que la cantidad bruta de práctica, lo que ayuda a aprender es la práctica en la que se consiguen los objetivos previstos. Este hecho obliga a los docentes a analizar el proceso de aprendizaje y proponer situaciones adaptadas a los diferentes niveles del alumnado.

Normalmente, la adaptación de las condiciones de práctica se reduce a parámetros puramente físicos: tamaño de los campos de juego, dimensiones de los elementos (vallas, balones, canastas, porterías) y peso de los objetos utilizados.

Sin embargo, la adaptación debe ir mucho más allá, afectando a aspectos como:

- La formulación de objetivos, haciéndolos pertinentes al nivel de los aprendices.

Las habilidades con predominio del "vigor físico", admiten niveles de activación altos.

En las situaciones de enseñanza-aprendizaje se debe potenciar la práctica, eliminando o reduciendo al mínimo las colas y los tiempos de transición.

Es muy importante crear un ambiente que anime al aprendiz a practicar, sin miedo a come-ter errores.

El uso adecuado del material permite crear situaciones variadas de práctica.

• La selección de actividades, escogiendo aquellas que más se adecuen a las posibilidades y necesidades del alumnado.

• Las formas metodológicas de intervención, adaptando las estrategias educativas utilizadas.

• Los aspectos normativos, modificando el reglamento tanto como sea necesario para facilitar el aprendizaje, etc.

Practicar en condiciones reales

Respetando la anteriormente comentada necesidad de adaptar la situación de práctica a las características y necesidades de los alumnos, cada vez se acepta más el hecho de que el aprendizaje de una habilidad (sobre todo si es una habilidad abierta) debe efectuarse en una situación lo más próxima posible a la aplicación real de ésta.

Efectivamente, si aceptamos que una habilidad motriz no se limita al movimiento que se genera (mecanismo efector) sino que implica a toda una serie de procesos de diversa índole (mecanismos perceptivo y decisional), no nos costará comprender que, al practicar de forma descontextualizada (muy diferente a las condiciones reales en las que se ejecutará la habilidad), no hacemos más que incidir solamente sobre algunos aspectos de la habilidad, olvidando la mejora de otros.

Es por ello que, siguiendo a diversos autores, afirmamos que es necesario replantearse la enseñanza de las habilidades específicas, propiciando la utilización de situaciones próximas a la realidad en lugar de situaciones neutras y descontextualizadas de práctica.

¿Repetir, automatizar, variar?

¿Qué repetir?

Estamos presenciando un partido de la NBA. Si analizamos la técnica del lanzamiento a canasta, podremos comprobar la enorme variedad de formas de ejecución: cada jugador lanza, aparentemente, de una forma absolutamente personal e individualizada.

Ahora estamos asistiendo a la final olímpica de los 100 metros lisos y nos fijamos en la técnica de carrera de los diferentes participantes en ella: cada atleta corre a su manera, levantando más o menos las rodillas, flexionando poco o mucho el tronco o efectuando uno u otro movimiento de brazos.

Vemos, pues, que los altamente diestros ejecutan las habilidades motrices de forma muy variada y, en muchos casos, diferente a tal y como se describen en los manuales técnicos de sus deportes respectivos. Sin embargo, su ejecución se caracteriza, en todos los casos, por tener un altísimo grado de eficacia: los jugadores de la NBA meten muchos de los lanzamientos que efectúan; los atletas de la final olímpica corren más que nadie en el planeta.

Un análisis más a fondo de las técnicas empleadas, nos haría llegar a la conclusión que, en la ejecución técnica de todos los expertos, se dan unos cuantos puntos comunes. Volvamos a los participantes en la final olímpica de los **100** metros; la técnica de brazos, la inclinación del tronco o la altura de elevación de las rodillas varían substancialmente de uno a otro corredor, sin embargo, todos ellos efectúan una impulsión eficaz (aplicando toda la fuerza generada sobre su centro de gravedad), mantienen un contacto extremadamente activo del pie en el suelo y pierden muy poca velocidad en cada zancada. Si analizáramos la técnica del lanzamiento a canasta, veríamos que, bajo una gran variedad de formas de ejecución, se esconden unos cuantos elementos comunes presentes en todos los jugadores expertos.

A la hora de practicar se debe combinar la repetición con la variedad.

Podríamos, por tanto, deducir que en la ejecución de los gestos técnicos de los diferentes deportes se dan una serie de puntos comunes, básicos y fundamentales, que son ejecutados de forma correcta por todos aquellos que son considerados como expertos. Igualmente, la ejecución de todos los otros elementos de la técnica, responde a una gran variedad ya que cada individuo los realiza de forma diferente.

Nuestra propuesta es que a la hora de plantearse la enseñanza de una determinada acción técnica se determinen aquellos aspectos básicos, fundamentales y comunes, es decir, aquellos aspectos que siempre se deben realizar de la misma forma. Una vez detectados estos aspectos, las actividades de práctica deberán, mediante la repetición, asegurar su automatización.

Por ejemplo, si se concluye que en la ejecución del toque de dedos de voleibol es fundamental utilizar las yemas de los dedos, las diferentes situaciones de práctica que planteemos deberán asegurar que este aspecto se cumpla y se repita, para, de esta forma, asegurar su fijación y automatización.

¿Qué variar?

Una vez detectados los aspectos "clave" en la ejecución de una habilidad, el resto de las condiciones de práctica deberán ser muy variado para así facilitar la posibilidad de adaptación de ésta a diferentes contextos. Podríamos decir, que se trata de variar en la repetición o, si se quiere, repetir en la variedad, es decir, potenciar la variedad alrededor de la ejecución estable y repetitiva de una serie de aspectos fundamentales.

Así, por ejemplo, si se desea enseñar el lanzamiento a canasta, primeramente se detectarán los aspectos fundamentales y, una vez hecho esto se propondrán situaciones de práctica en las que, manteniendo constante la ejecución de estos aspectos, se busque una gran variedad de formas de ejecución: diferentes distancias, balones, tipos de blanco, condiciones iniciales, etc.

Igualmente, en la enseñanza de la técnica de carrera se propondrán actividades en las que se repitan los aspectos "clave" y se varíe el resto de las condiciones: ritmos de carrera, direcciones, planos, superficies, etc.

¿Todas las habilidades se enseñan igual?

Tal y como hemos apuntado en el capítulo anterior, podemos diferenciar dos grandes tipos de habilidades motrices según las características del entorno donde se ejecutan:

• Las habilidades motrices abiertas: que tienen lugar en entornos cambiantes, inestables y poco previsibles.

• Las habilidades motrices cerradas: que se ejecutan en entornos estables y conocidos.

En este apartado indicaremos cuáles son las diferencias fundamentales que deben tenerse en cuenta a la hora de plantear el aprendizaje de uno u otro tipo de habilidades.

Habilidades motrices abiertas

• Dado el carácter inestable y cambiante del entorno, así como la necesidad de adaptar la ejecución de la habilidad a éste, es fundamental proponer situaciones de práctica en las que se desarrollen los mecanismos perceptivo y decisional.

• Es muy importante potenciar las situaciones de práctica similares a las condiciones reales de aplicación de la habilidad.

• Dada la gran variedad de formas de ejecución de este tipo de habilidades, las situaciones de práctica favorecerán la variabilidad.

Habilidades motrices cerradas

• Potenciar el desarrollo del mecanismo efector, al ser éste el más importante en la gran mayoría de las habilidades de este tipo.

• Favorecer la repetición de los aspectos clave, sin que con esto queramos decir que se debe suprimir la variedad de la práctica.

• Plantear el proceso de enseñanza y aprendizaje de tal forma que sea motivante para los aprendices. Es necesario tener en cuenta que este tipo de habilidades no suelen aplicarse en contextos de juego, por lo que crear y mantener la motivación es un aspecto fundamental.

En resumen, ¿qué es lo importante?

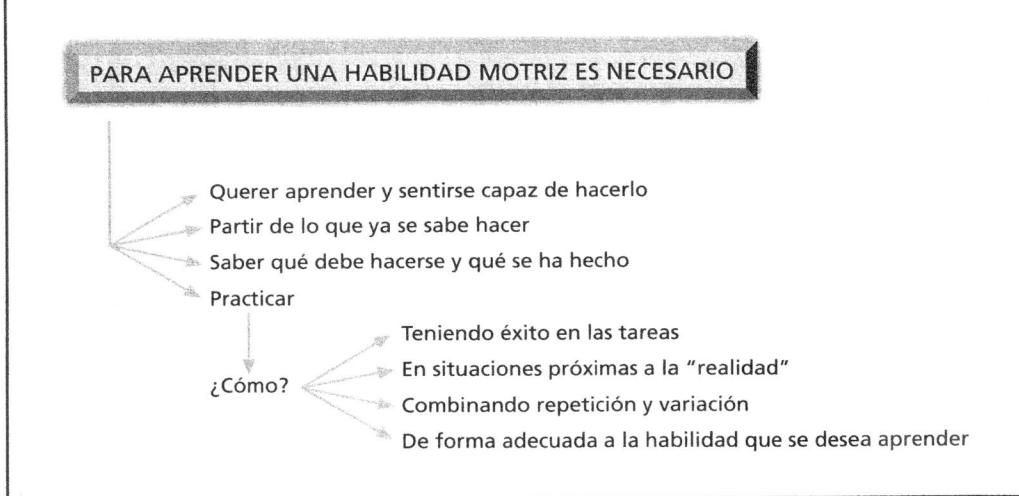

¿Lo tengo claro ahora?

a) ¿Todas las tareas admiten el mismo nivel de activación?

b) ¿Qué tipos de información deben darse al aprendiz?

c) Matiza la siguiente afirmación: "A más práctica, más aprendizaje".

d) Elige una habilidad motriz y señala sus aspectos más estables y sus aspectos más variables.

e) Intenta, de acuerdo con la pregunta anterior, crear actividades donde se repitan los aspectos estables y se varíe el resto.

4. Los desplazamientos

¿Dónde estoy?

Dentro de los desplazamientos se suele distinguir entre aquellas formas más habituales y otras de menor utilización. En las primeras se incluyen la marcha y la carrera ya que son las habilidades que usamos normalmente para desplazarnos por el entorno que nos rodea.

Es importante recalcar que tanto una como otra se aprenden en edades tempranas y, generalmente, sin una intervención "formal" de los adultos. Es decir, que normalmente son los niños y las niñas quienes, seguramente imitando a los adultos pero sin que estos les enseñen intencionadamente, aprenden a andar y a correr.

Sin embargo, esto no quiere decir que ambas habilidades, sobre todo la carrera, no requieran programas específicos de mejora o que no se puedan utilizar de forma educativa.

Dentro de los desplazamientos poco habituales se encuadran otras habilidades de uso poco frecuente pero que son susceptibles de ser utilizadas con finalidades educativas.

Cuando leas este capítulo podrás...

- Tener una descripción general de la técnica de carrera.
- Conocer los diferentes tipos de carrera que se utilizan en el deporte.
- Conocer criterios y actividades para la utilización educativa de la marcha.
- Analizar las formas poco habituales de desplazamientos y proponer criterios y actividades para su utilización educativa.

La carrera

Aspectos generales

Concepto

La carrera es aquella forma de desplazamiento en la que los pies se apoyan de forma sucesiva y alternativa sobre la superficie de desplazamiento, impulsando el cuerpo del sujeto en una dirección determinada.

Como podemos ver, esta definición es igualmente válida para la marcha. Sin embargo, ambas habilidades distan mucho de ser iguales. Las diferencias fundamentales entre la mecánica de ejecución de la carrera y la de la marcha son dos:

- La primera es que en la carrera, al contrario que en la marcha, se da lo que se conoce como fase de suspensión o fase aérea que es cuando los dos pies del sujeto se hallan en el aire.
- La segunda es que en la marcha, contrariamente a la carrera, se da una fase de doble apoyo que es cuando ambos pies se hallan en contacto con el suelo.

Así, cuando corremos hay un momento en el que los dos pies están en el aire mientras que cuando andamos esto no ocurre. Contrariamente, al caminar ambos pies están, por unos instantes, apoyados simultáneamente en el suelo, cosa que no sucede al correr.

Presencia en la actividad física y el deporte

La carrera está presente en la mayoría de los deportes y habilidades específicas. Corren las atletas (carreras de velocidad, de fondo, con obstáculos, antes de saltar, antes de lanzar la jabalina, etc.), los gimnastas (impulso antes de saltar, transición entre elementos, etc.), los bailarines y las jugadores y practicantes de todos los deportes individuales y colectivos.

Como es fácil de entender la técnica de carrera de unos y otros va a ser diferente porque también lo son las finalidades que ésta cumple dentro de cada contexto: al velocista le interesa alcanzar y mantener la máxima velocidad posible, la saltadora pretende conseguir una velocidad, una postura y una situación espacial óptimas para su técnica de salto, la jugadora de baloncesto busca una técnica de carrera que le permita cambiar fácil y rápidamente de ritmo y/o dirección, al bailarín la carrera debe servirle para expresar, etc. Tantas necesidades diferentes generan otras tantas técnicas diferenciadas.

¿Es posible extraer algunos aspectos comunes en la técnica de ejecución de la carrera? Vamos a intentarlo, efectuando una descripción técnica general de ella para, después, entrar en aspectos más concretos de cada forma específica de ejecución.

La carrera puede adaptarse de muchas formas diferentes.

Descripción técnica general

Ya hemos comentado anteriormente que la carrera es una habilidad cíclica, es decir, que está compuesta por la repetición de una unidad básica. Esta unidad básica de la carrera recibe el nombre de *zancada* y consta de dos fases (la fase de apoyo y la fase de suspensión) que pasamos a describir brevemente.

• *Fase de apoyo.* Siempre que un pie esté en contacto con el suelo hablamos de fase de apoyo. Su inicio es, por tanto, el momento en el que se produce el contacto del pie con la superficie de desplazamiento.

Este contacto, que siempre se produce por delante del cuerpo del corredor, no consiste en una caída pasiva sino que el pie busca, activamente, su apoyo en el suelo. La zona del pie encargada de hacerlo varía, disminuyendo, en relación con la velocidad de carrera: en velocidades bajas lo hace toda la planta, mientras que en velocidades altas sólo lo hace el metatarso y los dedos (la parte más cercana a la "punta" del pie).

El inicio de esta fase se caracteriza igualmente porque la rodilla de la pierna de apoyo (por "pierna de apoyo" se entiende aquella cuyo pie esta en contacto con el suelo) se flexiona ligeramente para así absorber la inercia de la caída (amortiguar).

Al mismo tiempo, las caderas del sujeto van desplazándose hacia delante. En el momento en que las caderas (más concretamente, el centro de gravedad) pasan sobre el apoyo del pie se inicia la impulsión propiamente dicha (de hecho hasta ahora lo que se ha realizado ha sido una amortiguación). Ésta consiste en una extensión vigorosa de toda la pierna (tobillo, rodilla y cadera) de apoyo con la función de impulsar al sujeto en la dirección deseada. Esta extensión culmina con el despegue del pie del suelo, momento en el que finaliza la fase de apoyo.

- *Fase de suspensión.* Transcurre cuando ambos pies se hallan en el aire. Durante ella, la pierna que, anteriormente, era de apoyo se flexiona por la rodilla a la vez que describe un movimiento de detrás hacia delante. Igualmente, el pie de la otra pierna (denominada pierna libre) se dispone a contactar con el suelo, con lo que se iniciará una nueva fase de apoyo y, con ella, una nueva zancada.

Es necesario hacer notar que hasta ahora sólo hemos descrito la acción de la pierna de apoyo. ¿Cómo intervienen en la carrera los otros segmentos corporales?

La *pierna libre* se encontraba, en el inicio de la fase de apoyo, retrasada. A lo largo de esta fase ha ido avanzando hacia delante para así poder contribuir en la impulsión. Debemos destacar que:

- En el momento en que las caderas pasan sobre el apoyo del pie, esta pierna se halla con la rodilla flexionada y apuntando prácticamente hacia abajo, en una posición corporal de agrupamiento.
- Durante toda la fase de apoyo, es la rodilla de la pierna libre la que marca el desplazamiento. Dicho con otras palabras, la rodilla es siempre la parte de la pierna más avanzada mientras que la pantorrilla y el pie siempre cuelgan de ella ligeramente retrasados. Este hecho se mantiene hasta el final de la fase de suspensión, momento en el cual se produce la extensión de la rodilla y el pie, buscando el suelo, se sitúa por delante de ella.
- La acción de la pierna libre está en relación directa con la velocidad de desplazamiento, de tal forma que a mayor velocidad mayor es el vigor y la amplitud de su movimiento. Igualmente la altura máxima (al final de la fase de apoyo) de la rodilla de esta pierna está relacionada con la velocidad de carrera: a mayor velocidad mayor altura (sin que nunca se sobrepase la horizontal)

Por lo que respecta a los *brazos*, su función prioritaria es la de equilibrar, por lo que desarrollarán movimientos a la misma velocidad y con una amplitud equivalente a los desarrollados por la pierna contra lateral (es decir, la del lado contrario).

Para finalizar esta descripción técnica, es importante definir los conceptos de frecuencia y amplitud de carrera. La *frecuencia* es el número de zancadas realizadas por unidad de tiempo. La *amplitud* es la distancia avanzada en cada zancada. Lógicamente la velocidad de desplazamiento será el producto de la frecuencia por la amplitud.

Una vez hecha la descripción general de la técnica básica de la carrera intentaremos ahora especificar cuales son las principales adaptaciones de esta habilidad a diferentes entornos específicos de aplicación. Para ello hemos distinguido 5 tipos diferenciados de carrera, correspondientes a otras tantas funciones que esta debe cumplir:
- La carrera de resistencia.
- La carrera de velocidad.
- La carrera de preparación.
- La carrera de soporte.
- La carrera de alcance.

La carrera de resistencia

Concepto

Con este tipo de carrera se pretende mantener un ritmo moderado durante un espacio largo de tiempo, siendo su requerimiento principal el ahorro energético, es decir, gastar la mínima energía posible. Las capacidades físicas más requeridas son la resistencia aeróbica y la capacidad anaeróbica láctica.

Principales aplicaciones

Fundamentalmente, las carreras de medio fondo y fondo del atletismo. Igualmente se utiliza esta modalidad de carrera en las fases de transición de muchos juegos y deportes colectivos.

Principales adaptaciones técnicas

- Dado que la velocidad de desplazamiento no es elevada, la acción de los segmentos libres (brazos y pierna libre) se ve prácticamente reducida a la equilibración corporal.
- Las rodillas no se levantan demasiado.
- Toda la planta del pie contacta con la superficie de desplazamiento.
- Se suele dar una flexión moderada de la rodilla de la pierna de apoyo a la vez que la extensión de ésta en el momento de la impulsión puede no ser total.
- La amplitud de las zancadas suele ser media o baja.
- Los segmentos y partes corporales que no intervienen directamente en el desplazamiento deben estar relajados para no aumentar el consumo energético.

¿Cómo mejorar esta habilidad?

A la hora de plantear actividades para su aprendizaje es necesario tener presentes los siguientes aspectos:
- Deben plantearse actividades de mejora de las capacidades físicas que le sirven de soporte (resistencia aeróbica fundamentalmente).
- Es muy importante realizar actividades en las que se prueben diferentes combinaciones de frecuencia-amplitud de la zancada.

• Se potenciarán las actividades de interiorización y mantenimiento de un ritmo determinado de carrera (es decir, se debe aprender a mantener una velocidad de carrera que permita correr durante un espacio largo de tiempo).

• Es conveniente plantear el aprendizaje técnico en situaciones de fatiga moderada ya que es en este estado como se aplicará la habilidad.

Diferentes tipos de carrera en una misma actividad.

La carrera de velocidad

Concepto

Se busca alcanzar y mantener la máxima velocidad posible sin que se dé la posibilidad de cambios bruscos de ritmo o dirección. Tampoco se ejecuta otra habilidad de forma simultánea.

Dado que se utiliza durante periodos cortos de tiempo, el ahorro energético, aunque importante, no representa un papel tan destacado como en el caso anterior, siendo la eficacia mecánica (es decir, alcanzar y mantener la máxima velocidad posible) su requerimiento principal. Las principales capacidades físicas que le dan soporte son la fuerza máxima (en la fase de aceleración), la fuerza rápida/explosiva, la resistencia anaeróbica aláctica y la potencia anaeróbica láctica.

Principales aplicaciones

Esta modalidad de carrera se utiliza, sobre todo, en pruebas de velocidad y velocidad prolongada de atletismo. También se utiliza, aunque en menor medida, en determinadas fases de los deportes colectivos (contraataques, etc.).

Principales adaptaciones técnicas

• La acción de los segmentos libres es vigorosa, añadiéndose a la función de estabilización una contribución importante en la impulsión.

• La extensión de la pierna en el momento de la impulsión es total o, como mínimo, muy importante.

• Es fundamental que la cadera no se flexione y que se coloque en retro-versión (hacia detrás) para no romper la cadena cinética de impulso (es decir, para permitir la colaboración efectiva de las diferentes partes corporales).

• La altura de las rodillas antes del apoyo del pie en el suelo es alta (prác-ticamente hasta la horizontal pero sin sobrepasarla nunca).

• La zona del pie que contacta con la superficie de desplazamiento se reduce al metatarso y los dedos. Este apoyo se realiza de forma muy activa y dinámica.

• La relación entre frecuencia y amplitud depende de cada sujeto pero suelen darse amplitudes elevadas de zancada.

• La inclinación del cuerpo pasa de ser moderada en la fase de acelera-ción a ser prácticamente nula en la de mantenimiento.

¿Cómo mejorar esta habilidad?

A la hora de plantear actividades para la mejora de esta modalidad de carrera se deben tener en cuenta los siguientes aspectos:

• Se utilizarán actividades para trabajar las acciones corporales propias de la salida de velocidad.

• Deben proponerse situaciones en las que se experimente la postura cor-poral propia de la fase inicial (inclinada) y se compare con la correspondiente a la fase de máxima velocidad (vertical).

• Es importante probar diferentes combinaciones de frecuencia/amplitud, para que cada sujeto encuentre aquella que más se ajusta a sus posibilidades y capacidades.

• Es fundamental incidir sobre aspectos como la impulsión o la elevación de las rodillas.

• Se debe buscar un apoyo activo y corto del pie en el suelo. Este requeri-miento, sin embargo, nunca deberá ir en detrimento de la finalización de las accio-nes de impulsión. Es decir que se buscarán tiempos cortos de apoyo, siempre y cuando este hecho no implique la no realización completa de la impulsión.

• En las actividades de mejora, se buscará una participación activa y efec-tiva de todos los segmentos y partes corporales. Es importante entender que, en este tipo de carrera, todas las partes corporales deben colaborar para alcanzar la máxima velocidad posible.

• Se buscará una mejora de las diferentes capacidades que dan soporte a esta modalidad de carrera.

El tronco va enderezándose conforme se adquiere velocidad.

La carrera de preparación

Concepto

Este tipo de carrera es el que se utiliza para preparar una acción subsiguiente, normalmente un salto o un lanzamiento. No suele requerir cambios bruscos de ritmo o dirección.

Dado que su función es preparar de forma óptima otra actividad posterior (que se puede considerar como la actividad principal) en la ejecución de esta modalidad de carrera son muy importantes los aspectos relacionados con la postura corporal, la velocidad y la localización espacial correspondientes al momento final de la carrera o, lo que es lo mismo, al inicio de la actividad principal (la ejecución de la carrera deberá siempre subordinarse a los requerimientos de la actividad que ésta prepara).

Principales aplicaciones

Este tipo de carrera se utiliza sobre todo en los saltos atléticos o gimnásticos, aunque también la podemos encontrar en determinados gestos técnicos de algunos deportes colectivos (remate de voleibol, etc.) o en algunas modalidades de lanzamiento (jabalina).

Principales adaptaciones técnicas

Tal y como hemos comentado anteriormente, la ejecución técnica de esta modalidad de carrera se debe subordinar a los requerimientos de la actividad principal que se prepara. Por este motivo se hace muy difícil destacar cuáles son sus principales adaptaciones técnicas ya que éstas van a depender del tipo de acción posterior. Sin embargo, podemos destacar los siguientes aspectos:

• La postura corporal final de la carrera será aquella que resulte óptima para la ejecución de la actividad principal.

• La carrera deberá finalizar en la zona del espacio donde deba ejecutarse la actividad principal. Este requerimiento se ve de forma muy clara en los saltos horizontales en atletismo (donde pisar la plastelina convierte el salto en nulo) pero está presente en prácticamente todas las otras modalidades.

• La velocidad final de la carrera deberá, igualmente, ser la óptima para la ejecución de la actividad siguiente. Es muy importante hacer notar que óptimo es diferente a máximo: en determinados saltos, por ejemplo, un exceso de velocidad puede llegar a ser más perjudicial que un defecto de ella.

¿Cómo mejorar esta habilidad?

Por todo lo dicho anteriormente, para la creación de actividades destinadas al aprendizaje de esta modalidad de carrera se deberá tener presentes los siguientes aspectos:

• Es fundamental educar los aspectos relacionados con la organización espacial y temporal de la carrera (ritmo, progresión, distancia, velocidad, etc.).

• Se hace indispensable trabajar aspectos posturales globales (del conjunto del cuerpo) y segmentarios (de las diferentes partes corporales) de forma simultánea con la ejecución de la carrera.

La carrera de soporte

Concepto

La carrera de soporte es aquella que se utiliza de forma simultánea a otra actividad o habilidad que puede ser considerada como la principal (bote, conducción del balón, etc.). Suele realizarse con cambios bruscos e imprevistos de dirección y ritmo. Su ejecución debe estar automatizada (es decir que se debe poder correr sin dedicar atención consciente) hasta el punto que permita al sujeto, por un lado, realizar la actividad principal de forma correcta y, por otro lado, estar pendiente de las características, cambiantes, del entorno. Algunas capacidades importantes en su ejecución son la velocidad de reacción, el equilibrio dinámico y la organización espacial y temporal.

Principales aplicaciones

Este tipo de carrera se utiliza en la mayoría de los deportes colectivos como soporte de muchas de sus acciones técnicas: bote, conducción, recepción, golpeo, lanzamiento, etc.

Principales adaptaciones técnicas

La característica principal de esta modalidad de carrera es, como se ha dicho, el servir de soporte a la ejecución simultánea de otra habilidad. Por este motivo la técnica de su ejecución debe adaptarse a ella y, por lo tanto, variará con relación a la habilidad principal que se realice.

Sea como sea, la presencia de cambios de ritmo y dirección obliga a utilizar una alta frecuencia de carrera combinada, claro está, con una amplitud de zancada reducida. La acción de los segmentos libres se verá totalmente condicionada a la habilidad que se ejecute. Finalmente debe remarcarse que la cabeza deberá llevarse en una posición que facilite al máximo la percepción de las características del entorno.

En cuanto a la velocidad de desplazamiento, deberá adaptarse a diferentes factores (nivel técnico del sujeto, necesidades técnicas y tácticas del juego, etc.) por lo que nunca será un aspecto independiente.

¿Cómo mejorar esta habilidad?

Para trabajar esta forma de carrera se debe tener presente lo siguiente:
• Siempre se trabajará con la ejecución simultánea de la habilidad principal.
• Se deben plantear actividades que, estando en consonancia con el nivel técnico del alumnado, impliquen cambios de ritmo y/o de dirección.
• La ejecución simultánea de otra habilidad puede implicar alteraciones en el equilibrio, por lo que este aspecto deberá ser tratado de forma específica.
• Dado que su utilización prioritaria se da en los deportes colectivos, se buscarán situaciones de enseñanza-aprendizaje cercanas al contexto real de aplicación de la habilidad, es decir, similares a la situación de juego real.

La carrera de alcance

Concepto

Este tipo de carrera se utiliza cuando se desea alcanzar o interceptar un móvil (adversario, balón u otro objeto) por lo que suele ejecutarse en condiciones cambiantes de ritmo y dirección. Las adaptaciones corporales orientadas a facilitar la interceptación y posible control del objeto, suelen conllevar alteraciones en el equilibrio dinámico. Algunas de las capacidades importantes para la ejecución de esta modalidad de carrera son el equilibrio, la organización espacio-temporal, la velocidad de reacción y las manifestaciones de la fuerza implicadas en aceleraciones y frenadas bruscas.

Principales aplicaciones

Su presencia prioritaria se da en aquellas situaciones de práctica en las que está presente un balón o pelota (deportes colectivos, tenis, etc.) o cualquier otro objeto a alcanzar y manipular (freesbe, indiaca, etc.).

Principales adaptaciones técnicas

Dada su función, las adaptaciones técnicas más importantes de esta modalidad de carrera son:
• Una amplitud de zancada baja que permita cambios rápidos de velocidad y/o dirección. Este hecho lleva implícito un aumento de la frecuencia de carrera. Dicho con otras palabras, se debe correr con zancadas cortas y seguidas.

La carrera puede servir de soporte para la ejecución de diversas habilidades como, en el dibujo, el bote.

    • La acción de los segmentos libres (sobre todo de los brazos) debe adaptarse a las necesidades de recepción/control y manipulación del objeto que se desea interceptar.

    • La posición del tronco puede variar en gran medida según la trayectoria del móvil a alcanzar.

    • La posición de la cabeza debe facilitar la acción de los receptores sensoriales, fundamentalmente la vista, en su función de analizar la trayectoria del objeto a interceptar.

¿Cómo mejorar esta habilidad?

    En el diseño de actividades de enseñanza-aprendizaje de este tipo de carrera se deberán tener presentes los siguientes aspectos:

    • Es fundamental un trabajo de percepción espacial y temporal que permita analizar correctamente la trayectoria del móvil.

    • Igualmente se debe dotar a los sujetos de una alta capacidad de control y dominio de aspectos como la velocidad, ritmo y dirección de la carrera.

    • Los cambios bruscos de las condiciones de carrera aconsejan un desarrollo de la velocidad de reacción.

    • Se debe desarrollar el equilibrio dinámico en situaciones de carrera con diferentes posturas.

    • La capacidad de acelerar y frenar bruscamente es muy importante para este tipo de carrera, por lo que deberán utilizarse actividades para su desarrollo y mejora.

La marcha

Concepto

Tal y como hemos comentado anteriormente, la marcha es aquella forma de desplazamiento en la que los pies se apoyan de forma sucesiva y alternativa sobre la superficie de desplazamiento, impulsando el cuerpo del sujeto en una dirección determinada. A diferencia de la carrera, la marcha se caracteriza, como ya hemos señalado con anterioridad, por la existencia de una fase de doble apoyo (ambos pies simultáneamente en el suelo) y por la inexistencia de fase aérea (ambos pies simultáneamente en el aire).

Presencia en la actividad física y en el deporte

La presencia de esta forma de desplazamiento en la actividad física y el deporte se reduce a constituir un elemento de transición sin apenas ningún requerimiento técnico destacable, excepción hecha de la disciplina de marcha atlética. Es por este motivo que en lugar de efectuar una descripción técnica de esta habilidad, nos centraremos en analizar aquellas capacidades que pueden mejorarse mediante su utilización.

Capacidades que permite desarrollar

La marcha se puede utilizar para desarrollar diferentes capacidades perceptivo-motrices, sobre todo durante los primeros años de la escolaridad (etapa infantil y primer ciclo de primaria). Algunas de estas capacidades son:

• El esquema corporal y la lateralidad, sobre todo utilizando las fases de doble apoyo, los pivotes, etc.

La marcha permite desarrollar capacidades como el equilibrio.

- La organización espacial y, sobre todo, temporal (ritmo).
- El equilibrio en determinadas condiciones de ejecución.
- El control tónico.
- El papel de la marcha en la mejora de las capacidades físicas básicas (resistencia aeróbica, fundamentalmente) queda relegado a un segundo plano por la utilización preferente de la carrera.

Las cuadrupedias

Concepto y descripción

Aunque, por su nombre, podría deducirse que la cuadrupedia es aquella forma de desplazarse en la que se utilizan cuatro apoyos (las dos piernas y los dos brazos: ir a gatas), el concepto de esta habilidad incluye todas las formas de desplazamiento por el plano horizontal en las que el tren superior (los brazos) interviene de forma activa e importante.

Pueden presentarse una gran variedad de formas de ejecución en función de:

- El número de apoyos: desde dos hasta cuatro.
- La zona corporal de apoyo: manos, codos, pies, rodillas.
- La posición del cuerpo: prono (boca abajo) o supino (boca arriba).
- La mecánica de ejecución: movimientos simultáneos / alternativos, simétricos / asimétricos, etc.

Presencia en la actividad física y el deporte

Durante una etapa del desarrollo infantil (entre los 8 y los 15 meses aproximadamente) las cuadrupedias son la forma de desplazamiento más utilizada por la mayoría de las niñas y niños, considerándose, de hecho, que es un paso previo (importante aunque no imprescindible) para la adquisición de la marcha.

Posteriormente, su utilización sufre una disminución progresiva que culmina en una casi total desaparición de la cuadrupedia del repertorio motor humano.

Igualmente, su utilización en el deporte es prácticamente nula, excepción hecha de algunos deportes como el goalball (practicado por ciegos y deficientes visuales).

Capacidades que permiten desarrollar

Mediante el uso de cuadrupedias se pueden trabajar las siguientes capacidades:

- La musculación: el hecho de que las extremidades superiores participen activamente en el desplazamiento, hace de las cuadrupedias un excelente método de desarrollo de la musculatura de esta zona y, por extensión, del tronco. Posiblemente, esta utilización cobra su mayor relevancia durante la segunda infancia y tiene una gran aplicación, dentro de la educación de la actitud como apoyo a la educación postural.

• El esquema corporal: las cuadrupedias pueden colaborar a estructurar el esquema corporal incidiendo en la concienciación de las posibilidades de movimiento y acción del tren superior así como en la percepción del propio peso en situaciones poco habituales.

• El equilibrio: a pesar de que normalmente las cuadrupedias comportan una amplia base de sustentación y una altura reducida del centro de gravedad, pueden ser utilizadas, en condiciones muy específicas y por su carácter de situación poco habitual, para mejorar el equilibro.

• La utilización de las cuadrupedias en el desarrollo de otras capacidades perceptivo-motrices se ve muy limitada por sus escasas posibilidades de desplazamiento (organización y estructuración espacial y temporal) o por el hecho de dejar muy pocos o ningún segmento libre (lateralidad, etc.).

Es posible compaginar la ejecución de cuadrupedias con otras habilidades.

Las reptaciones

Concepto y descripción

Reptar es desplazarse con el tronco en contacto con la superficie de desplazamiento.

Al igual que ocurría en las cuadrupedias, dentro de las reptaciones se da una alta gama de posibilidades de ejecución en función de los siguientes aspectos:

- La posición del cuerpo: tendido prono o supino.
- La participación de los diferentes segmentos en el desplazamiento: sólo brazos, sólo piernas, brazos y piernas.
- La participación del tronco en el desplazamiento: activa o pasiva.
- La superficie por la que tiene lugar el desplazamiento: suelo, bancos, etc.
- La mecánica de ejecución: movimientos simultáneos/alternativos, simétricos/asimétricos, etc.

Presencia en la actividad física y el deporte

Al igual que sucedía con las cuadrupedias, las reptaciones tienen un papel regresivo dentro del repertorio motor humano. De esta manera, constituyen la forma más utilizada de desplazamiento en los primeros meses de vida pero, con la adquisición de otras habilidades locomotoras más efectivas (cuadrupedia primero, marcha y carrera más adelante), su presencia va disminuyendo hasta desaparecer.

Capacidades que permiten desarrollar

- Las reptaciones son un excelente medio para desarrollar la fuerza del tronco y las extremidades superiores, sobre todo durante la segunda infancia.
- Por implicar al tronco en el desplazamiento, las reptaciones pueden colaborar en la estructuración del esquema corporal (percepción del peso propio, posibilidades de movimiento del tronco, etc.).

Las trepas

Concepto y descripción

Según el diccionario, trepar es *"subir a un lugar ayudándose de los pies y las manos"*. Vemos, pues, que podemos definir las trepas como unas cuadrupedias en las que la dirección principal del desplazamiento es la vertical.

Es muy difícil dar una descripción técnica de esta familia de habilidades, ya que su ejecución variará mucho en función del entorno donde se realicen. Sin embargo, a continuación destacaremos algunos aspectos técnicos comunes e importantes:

- Normalmente las extremidades superiores se usan más como equilibradoras que como tractoras. Dicho con otras palabras, siempre que sea posible se encomendará al tren inferior la responsabilidad del desplazamiento y al tren superior el mantenimiento de la estabilidad.
- El cuerpo debe, perdiendo la mínima estabilidad posible, situarse a una cierta distancia de la superficie por la que se trepa, para así poder ver y examinar el recorrido a seguir.

• Es muy importante asegurar la estabilidad de los apoyos antes de iniciar un movimiento de avance. Es decir, que antes de mover un pie o una mano es fundamental asegurar que los que queden fijos puedan mantener al individuo de forma segura.

• Tanto en los ascensos como en los descensos se recomienda efectuar el desplazamiento con la parte ventral del cuerpo mirando hacia la pared o superficie de trepa.

Presencia en la actividad física y el deporte

El uso de las trepas en el deporte se reduce a las actividades en la naturaleza y otras afines o derivadas (escalada).

Capacidades que permiten desarrollar

• La musculación general, al ser desplazamientos efectuados contra la acción de la gravedad.

• El esquema corporal, incidiendo en la concienciación de las posibilidades de movimiento y acción de las diferentes partes corporales así como en la percepción del propio peso en situaciones poco habituales.

• Por razones obvias, el equilibrio.

• Diversas actitudes relacionadas con la actividad física, como la percepción del riesgo y la adopción de medidas de seguridad para controlarlo.

Las trepas también se pueden trabajar en la escuela.

Los deslizamientos

Concepto y descripción

Los deslizamientos serían aquellos desplazamientos en los que, bien por el terreno por el que tienen lugar (nieve, hielo, etc.), bien por el uso de un determinado instrumento (patines, esquíes, etc.), bien por una acción combinada de ambos factores, se ve reducido el rozamiento con la superficie de desplazamiento.

Presencia en la actividad física y el deporte

Los deslizamientos están presentes en una gran variedad de actividades deportivas como las diferentes modalidades de patinaje o esquí, el hockey sobre patines, etc.

Capacidades que permiten desarrollar

Dadas las especiales características de esta familia de desplazamientos, pueden ser utilizados para incidir sobre el equilibrio o sobre el esquema corporal.

Los transportes

Concepto y descripción

Hablar de transportes significa hacer referencia a la conducta del sujeto que es transportado mediante la utilización de un medio humano ("ir a caballito") animal (montar a caballo) o mecánico (ir en bicicleta).

Presencia en la actividad física y el deporte

Tal y como hemos comentado, podemos hallar transportes en deportes como la hípica, el ciclismo o el motociclismo.

Capacidades que permiten desarrollar

• El esquema corporal, por tratarse de situaciones poco habituales y por la utilización de determinados segmentos corporales de forma muy poco corriente.

• El equilibrio, por tener que mantener la estabilidad adaptándola al desplazamiento ocasionado por otro agente.

• La estructuración temporal si se realizan acciones (botar un balón por ejemplo) condicionadas a un desplazamiento del cual no somos responsables.

En resumen, ¿qué es lo importante?

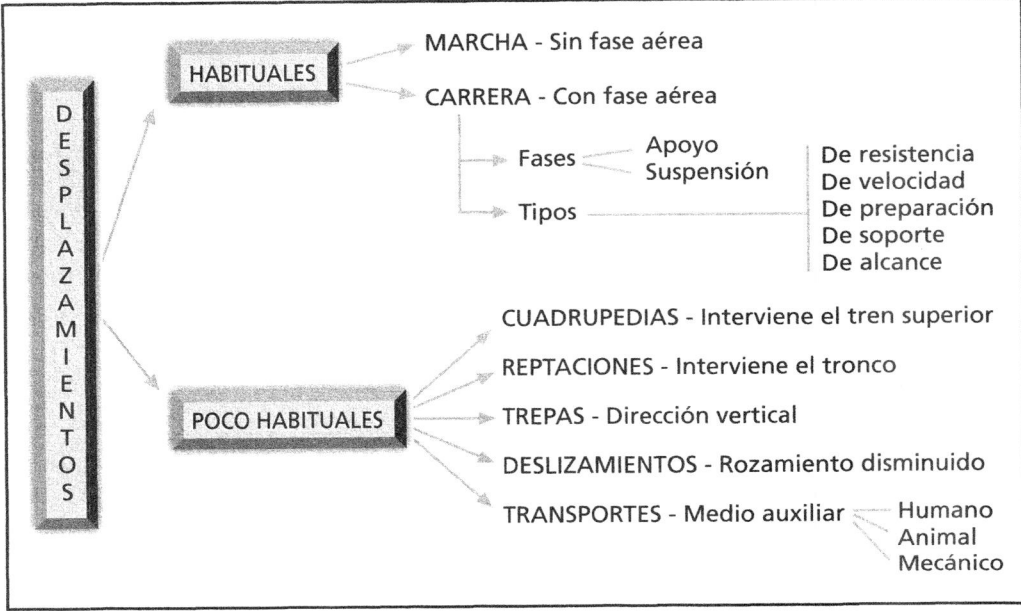

¿Lo tengo claro ahora?

a) ¿Cuál es la diferencia principal entre la marcha y la carrera?

b) ¿Cuáles son las diferencias técnicas más importantes entre la carrera de resistencia y la de velocidad?

c) Busca, en diferentes deportes y actividades, ejemplos de los diferentes tipos de carrera.

d) ¿Es fácil trabajar el equilibrio con las reptaciones? ¿Y con las trepas? Razona tus respuestas.

e) Haz una clasificación sencilla de los diferentes deportes donde aparezcan los transportes.

5. Los saltos

¿Dónde estoy?

HABILIDADES MOTRICES	
LAS HABILIDADES MOTRICES	LOS SALTOS
¿CÓMO SE APRENDEN LAS HABILIDADES MOTRICES?	LOS GIROS
¿CÓMO SE ENSEÑAN LAS HABILIDADES MOTRICES?	MANEJO Y CONTROL DE OBJETOS
LOS DESPLAZAMIENTOS	LAS ACTIVIDADES ACUÁTICAS

Cuando leas este capítulo podrás...

Conocer:
• Una descripción de los elementos técnicos comunes a todos los saltos.
• Los diferentes tipos de salto más utilizados en el deporte.
– Sus características técnicas.
– Criterios y actividades para su mejora.

Aspectos generales

Concepto

Anteriormente hemos definido los saltos como aquellas acciones en las que se produce un despegue del suelo gracias a la impulsión de las piernas.

Presencia en la actividad física y el deporte

Los saltos están presentes en el atletismo (longitud, triple salto, altura y pértiga) en muchos deportes colectivos (las entradas en baloncesto y balonmano, los remates y bloqueos en voleibol, etc.) en la danza, en la gimnasia rítmica, en la gimnasia artística y actividades relacionadas (ejercicios de suelo y barra de equili-brios, saltos sobre aparatos, minitramp y cama elástica, etc.) en determinados deportes acuáticos (saltos de trampolín) e invernales (saltos de esquí), etc.

Descripción técnica general

La gran variedad de formas de ejecución de esta familia de habilidades dificulta la realización de una descripción técnica común o general. Sin embargo, se pueden detectar unas fases presentes en la mayoría de los saltos, cuyas funcio-nes y peculiaridades técnicas son interesantes de analizar. Estas fases son:

- Las acciones previas.
- La batida.
- La fase aérea o vuelo.
- La recepción o caída.

Las acciones previas

En caso de existir, son todas aquellas acciones efectuadas antes de la bati-da o impulso. Pueden presentar formas variadas: en algunas ocasiones se provie-ne de un salto anterior (triple salto en atletismo, saltos encadenados en la cama elástica, etc.) o de una acción diferenciada (encadenamiento de elementos en gimnasia artística: rondada, flic-flac, salto mortal por ejemplo). Sin embargo, en la mayoría de las ocasiones la acción previa es una carrera de impulso.

La función principal de esta fase es la de dejar al sujeto en las mejores condiciones para la ejecución de la batida:

- Una velocidad de desplazamiento óptima para efectuar el tipo de bati-da que se desee realizar. Es importante recalcar que no hablamos de velocidad máxima sino óptima.

- Una colocación corporal o postura óptima: tanto el cuerpo en su con-junto como los diferentes segmentos (brazos, piernas, tronco, etc.) deben estar dispuestos de tal forma que la batida pueda realizarse correctamente.

• Una situación espacial y temporal óptima: de nada le sirve a un saltador de longitud llegar a la batida a la velocidad y en la postura deseadas si esta tiene lugar en la zona de salto nulo.

La batida

Es la fase del salto donde se determina la trayectoria de la parábola del vuelo. Normalmente implica una extensión brusca y muy intensa del tren inferior en coordinación con el resto de los segmentos corporales.

El ángulo de esta trayectoria dependerá de la relación que se establezca entre la velocidad horizontal (con la que el sujeto se desplaza de atrás adelante) y la vertical (con la que el sujeto se desplaza de abajo arriba). Efectivamente, si la velocidad horizontal y la vertical son idénticas en magnitud, el ángulo de la parábola es de 45°.

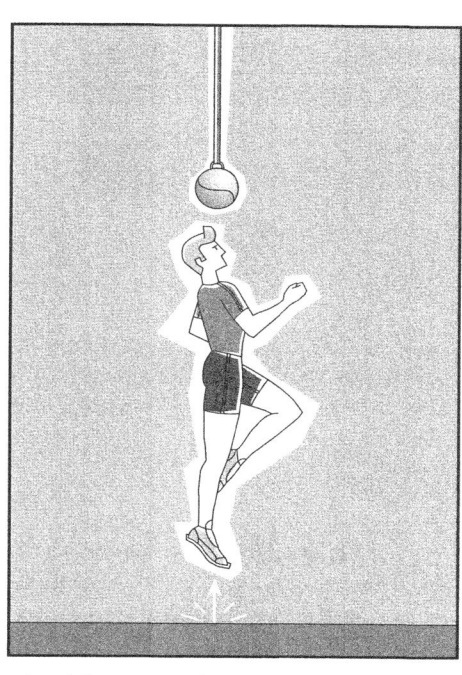

Ejercicio para trabajar la batida horizontal.   *Ejercicio para trabajar la batida vertical.*

El vuelo

La fase de vuelo es aquella en la que el sujeto se encuentra suspendido en el aire. Al no existir contacto con el suelo u otra superficie, no se puede hacer nada para variar la trayectoria del salto, que habrá quedado determinada en el momento de la batida. Así, durante la fase de vuelo, pueden efectuarse diferentes movimientos corporales (tanto globales como segmentarios) pero éstos no afectan a la parábola del salto.

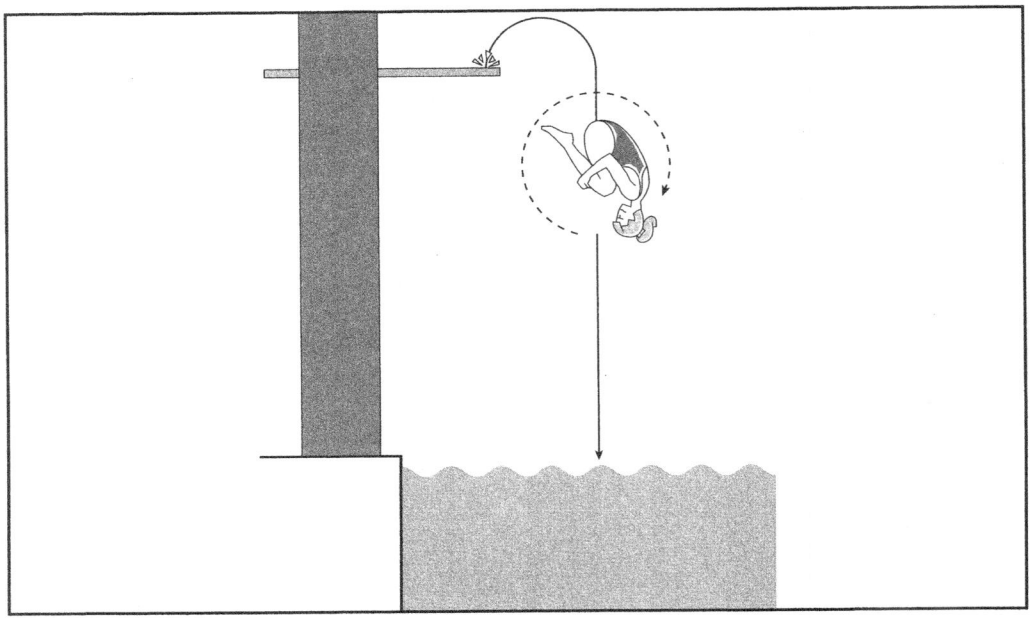

A pesar de efectuar movimientos corporales, la trayectoria del centro de gravedad del saltador permanece, durante el vuelo, inalterable.

La función común de esta fase es el mantenimiento de la estabilidad (equilibrio) corporal. Esta estabilidad debe permitir, según el tipo de salto:

- Preparar una buena caída (salto de longitud).
- Franquear un obstáculo (salto de altura).
- Ejecutar movimientos corporales (salto de trampolín).
- Manipular un objeto (lanzamiento en suspensión), etc.

La caída

Es el momento en el que se vuelve a tomar contacto con el suelo o la zona de caída.

Su función principal es absorber o transformar la energía acumulada. Sin embargo, esta función se ve modificada según el tipo de salto realizado:

• Perder la mínima distancia posible (salto de longitud).
• Amortiguar el impacto (remate en voleibol).
• Preparar la acción siguiente (cama elástica).
• Mantenerse inmóvil y en equilibrio (aparatos de gimnasia deportiva).

Una vez analizados los aspectos técnicos comunes, intentaremos describir los 3 tipos de salto más presentes en el deporte:

• Los saltos de distancia.
• Los saltos con finalidad estética.
• Los saltos con manipulación de objetos.

Saltos de distancia

Concepto

Tal y como indica su nombre, con este tipo de saltos se busca alcanzar la máxima distancia (horizontal o vertical) posible.

Para su ejecución se requieren altos niveles de velocidad, de técnica y de diversas manifestaciones de la fuerza (rápida, máxima, potencia, etc.).

Principales aplicaciones

Su presencia se reduce al atletismo (si exceptuamos los saltos de esquí), donde podemos hallar los saltos horizontales (longitud y triple salto) y los verticales (altura y pértiga).

Principales adaptaciones técnicas

Analizando brevemente cada una de sus fases, podemos destacar los siguientes aspectos:

Acciones previas

Se concretan en una carrera de impulso que debe cumplir con los siguientes requisitos

• Precisión (es fundamental que el atleta salte desde la zona correcta).
• Alta velocidad final (superior en los horizontales en relación con los verticales).
• Importancia de la colocación corporal (posición de brazos, piernas y tronco en el inicio de la batida).

Batida

Es un momento de enorme importancia en la ejecución de esta modalidad de saltos. Deben tenerse en cuenta los siguientes aspectos:

• Es necesaria una buena coordinación entre la carrera y la batida, que evite pérdidas de velocidad y que no disminuya la estabilidad corporal.

• Tiene mucha importancia saber escoger el ángulo de salida idóneo. Este hecho se ve dificultado por la alta velocidad a la que se desarrolla el gesto y por los elevadísimos niveles de fuerza que es necesario aplicar.

• Todos los segmentos y partes corporales deben colaborar en la ejecución de la batida: pierna de batida, pierna libre, brazos y pelvis juegan papeles de gran importancia.

Vuelo

• En los saltos verticales se produce el franqueo del listón, por lo que se deberán llevar a cabo acciones corporales de cierta complejidad.

• En los saltos horizontales, los movimientos corporales se destinan a mantener el equilibrio para preparar una caída económica (donde se pierda la mínima distancia posible).

Caída

• En la actualidad, y dados los materiales que se utilizan (colchonetas), carece de toda importancia en los saltos verticales.

• En los saltos horizontales se debe caer de forma económica, es decir, con la mínima pérdida de distancia posible.

¿Cómo mejorar esta habilidad?

En el diseño de actividades de enseñanza-aprendizaje de este tipo de saltos se deberá tener presentes los siguientes aspectos:

• Es fundamental aprender la ejecución diferenciada de batidas verticales y horizontales.

• Se insistirá en la necesidad de coordinar la carrera de impulso con la batida.

• Igualmente se prestará atención preferente a la colaboración corporal en las fases de batida y vuelo. Esta colaboración corporal se diferenciará en los saltos verticales y los horizontales.

• Los altos niveles de fuerza requeridos, pueden suponer, durante la infancia, un obstáculo en su aprendizaje. Deberán preverse situaciones de práctica que adapten sus requerimientos a las posibilidades reales de niños y niñas.

• En el aprendizaje de la carrera de impulso deberán plantearse actividades previas para la organización y estructuración espacial y temporal.

• En su aprendizaje se dará más importancia a los aspectos cualitativos (aprendizaje técnico) que a los cuantitativos (distancia alcanzada).

Saltos con finalidad estética

Concepto

Son saltos cuyo criterio de éxito es la fidelidad a un modelo técnico predeterminado, es decir, que lo que se intenta es ajustarse al máximo a un patrón de ejecución establecido y conocido.

Para su ejecución se suele necesitar mucha fuerza, velocidad y flexibilidad. Sin embargo, el desarrollo de estas capacidades debe subordinarse a la consecución de un dominio técnico impecable. Es decir, que lo importante no es saltar con mucha fuerza, sino que el movimiento se realice tal y como indican los manuales técnicos.

Principales aplicaciones

Están presentes en la gimnasia deportiva y rítmica, la danza y los saltos de palanca y trampolín. Presentan una gran variedad de formas de ejecución, dependiendo de:

• La mecánica de ejecución: con una o ambas piernas, sin o con acciones previas (carrera, otro salto, otro elemento, etc.), etc.

• Los movimientos ejecutados en la fase aérea, que pueden ser globales (giros diversos), segmentarios o, incluso, incluir el manejo de objetos (pelotas, aros, etc. en gimnasia rítmica).

El uso del minitramp proporciona una gran gama de posibilidades.

• La superficie desde la que tienen lugar: el suelo, multiplicadores (mini-tramp, cama elástica), desde una superficie elevada, etc.
• La utilización de aparatos (potro, plinto, etc.).

Principales adaptaciones técnicas

Como es comprensible, una variedad tan alta de formas de ejecución, hace difícil encontrar elementos técnicos comunes a esta modalidad de salto. Intentaremos destacar, por fases, aquellos aspectos más importantes.

Acciones previas

Ya hemos comentado anteriormente que se da una gran diversidad de acciones previas a la batida en este tipo de saltos. Sea como sea, podemos destacar los siguientes requerimientos técnicos:
• Es imprescindible el tener una postura correcta de forma previa al inicio de la batida, ya que este hecho va a condicionar toda la ejecución del salto.
• La precisión tiene una importancia alta o muy alta dependiendo de la disciplina practicada.

Batida

Los aspectos a remarcar son los siguientes:
• Por el criterio estético que prevalece en esta modalidad de saltos, es necesaria una buena coordinación entre las acciones previas y la batida.
• Igualmente, la elección correcta del ángulo de salida (horizontal o vertical) va a condicionar todo el desarrollo posterior del salto.
• Todos los segmentos y partes corporales deben colaborar en la batida.
• En los saltos que utilicen un multiplicador (trampolín, minitramp, etc.), es fundamental coordinar las acciones corporales de impulso con la respuesta elástica de éste, es decir saber hacer coincidir el impulso con el "rebote" del aparato.

Vuelo

Durante esta fase se desarrollan la mayor parte de los elementos (giros, movimientos de brazos y/o piernas, etc.) de esta modalidad de saltos, por lo que reviste una gran importancia. Sin embargo, la inexistencia de criterios técnicos comunes (en cada caso las acciones son muy diferentes) nos impide desarrollar este apartado.

Caída

La caída puede suponer el final del salto o, simplemente, una fase de transición hacia otras acciones posteriores.
• Si se trata de la parte final del salto, la caída debe absorber la inercia del sujeto, ya que se suele exigir una inmovilidad casi absoluta. Es decir, que la caída debe permitir que la persona quede inmóvil y en equilibrio.

• Si se trata de un elemento fase de transición deberá ejecutarse de forma que facilite la ejecución de la acción siguiente.

¿Cómo mejorar esta habilidad?

A la hora de diseñar actividades de enseñanza-aprendizaje, deberán tenerse presentes los siguientes aspectos:

• Dada la complejidad técnica de la mayoría de estas acciones, se suelen utilizar metodologías analíticas de práctica (práctica de las diferentes partes de la habilidad por separado).

• En aquellos saltos donde se utilicen multiplicadores o aparatos, se hace necesario un trabajo previo de familiarización y dominio de éste: lo primero es conocer el aparato y acostumbrarse a él.

• En los saltos sobre aparatos (potro, plinto, etc.), las ayudas y vigilancias representan un papel de gran importancia, tanto por facilitar la ejecución de la actividad, como, sobre todo, por la seguridad que dan al aprendiz.

• Es necesaria la adopción de medidas de seguridad (colchonetas, protecciones, etc.) que reduzcan el riesgo que muchos de estos saltos suponen.

Saltos con manipulación de objetos

Concepto

Se trata de saltos efectuados para facilitar el control o la manipulación de un objeto, normalmente una pelota.

No están sujetos a ningún tipo de requerimiento formal o estético y su mecánica de ejecución está, normalmente, poco condicionada por el reglamento.

Los aspectos cuantitativos, aunque importantes, están subordinados a facilitar la acción técnica con la que se ejecutan de forma simultánea.

Principales aplicaciones

Esta modalidad de saltos está presente en casi todos los deportes de pelota: baloncesto (entrada a canasta, rebote) balonmano (entrada a portería), voleibol (remate, bloqueo), futbol (saltos para rematar de cabeza), rugby ("touche"), etc.

Principales adaptaciones técnicas

Como podemos ver, en esta modalidad de saltos se da una enorme diversidad de formas de ejecución. Por este motivo, nos limitaremos a destacar algunos aspectos fundamentales en la ejecución de este tipo de habilidades:

Muchos lanzamientos se efectuan desde el aire.

- Todos los elementos y fases de estos saltos están condicionados por la habilidad principal a la que sirven de soporte (golpeo, recepción, parada, etc.).
- La fase de vuelo debe ejecutarse con el equilibrio suficiente para permitir la ejecución correcta de dicha habilidad.
- Para evitar lesiones, la caída debe asegurar una correcta amortiguación de la energía acumulada durante el salto.
- En muchas ocasiones, la caída es una fase de transición hacia la ejecución de una nueva habilidad (normalmente la carrera). Por este motivo deberá ser ejecutada de manera que permita una rápida puesta en acción.

¿Cómo mejorar esta habilidad?

A pesar de la gran variedad de formas de ejecución de este tipo de saltos, a continuación destacaremos aquellos aspectos comunes que deben ser tenidos en cuenta a la hora de diseñar actividades de enseñanza-aprendizaje:

- La variedad deberá predominar sobre la repetición: se deberá practicar de formas muy diferentes.
- Siempre que sea posible se utilizarán situaciones de práctica cercanas al contexto real de aplicación de la habilidad. Es decir, se intentará practicar en situaciones de juego real o, como mínimo, en situaciones parecidas a las del juego real.
- La metodología global se utilizará más que la analítica, aunque esta última puede usarse cuando la dificultad de la tarea así lo aconseje.

Al trabajar algunos saltos es muy importante que la zona de caída sea segura (foso de arena, colchoneta, etc.).

El uso de aparatos en la fase de batida (en este caso una pequeña rampa) puede aumentar la distancia alcanzada.

Todo el cuerpo debe colaborar en la batida.

Los saltos están presentes en prácticamente todos los deportes colectivos.

En resumen, ¿qué es lo importante?

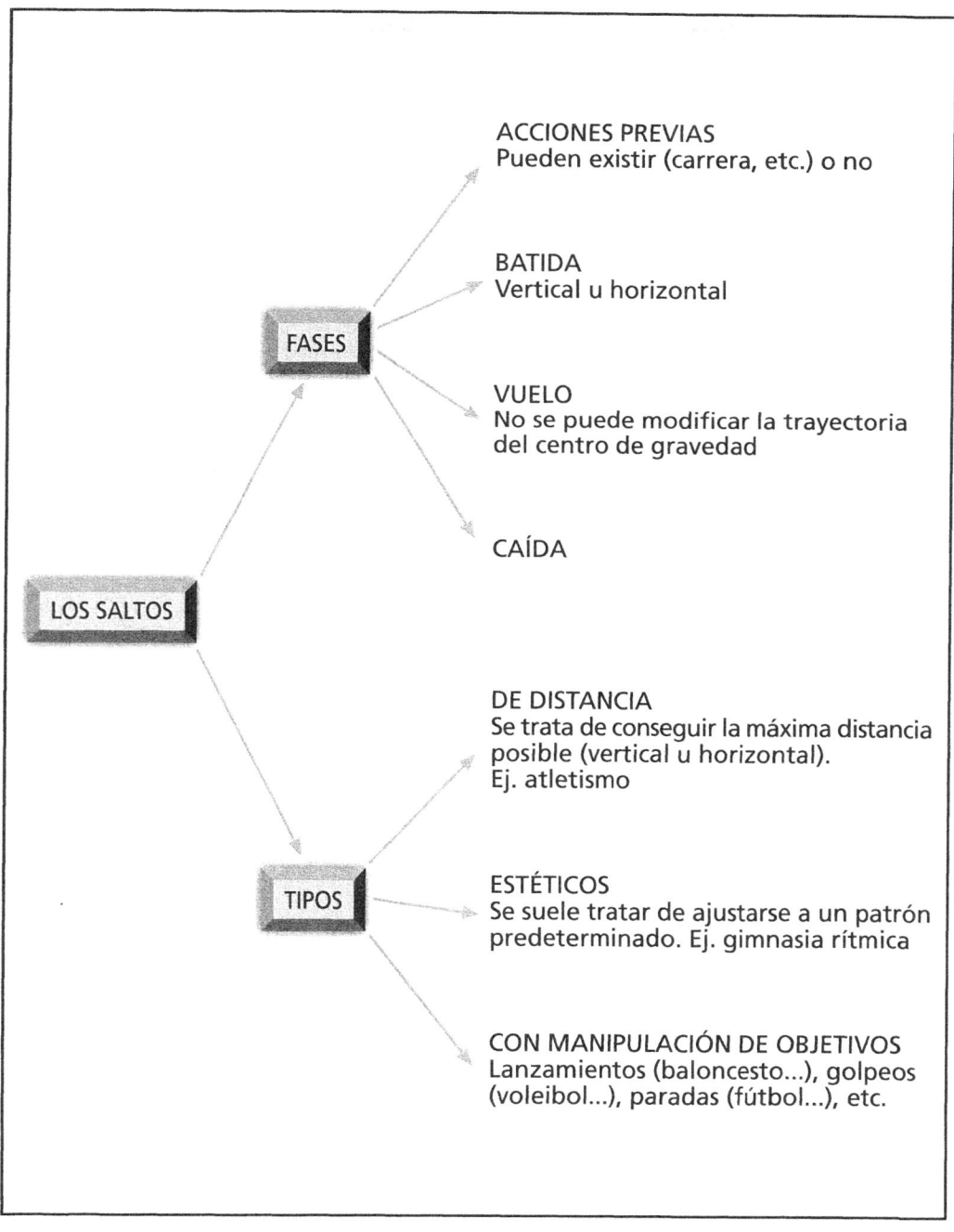

ACCIONES PREVIAS
Pueden existir (carrera, etc.) o no

BATIDA
Vertical u horizontal

FASES

VUELO
No se puede modificar la trayectoria
del centro de gravedad

CAÍDA

LOS SALTOS

DE DISTANCIA
Se trata de conseguir la máxima distancia
posible (vertical u horizontal).
Ej. atletismo

TIPOS

ESTÉTICOS
Se suele tratar de ajustarse a un patrón
predeterminado. Ej. gimnasia rítmica

CON MANIPULACIÓN DE OBJETIVOS
Lanzamientos (baloncesto...), golpeos
(voleibol...), paradas (fútbol...), etc.

¿Lo tengo claro ahora?

a) *¿De qué depende que un salto sea más o menos vertical?*
b) *¿Qué quiere decir que durante el vuelo no puede modificarse la trayectoria del centro de gravedad?*
c) *¿Cuáles son los saltos que forman parte del atletismo? ¿A qué tipo pertenecen?*
d) *Busca deportes y otras actividades donde se utilicen saltos con finalidad estética.*
e) *Describe una situación en la que se utilice un salto en los siguientes deportes: balonmano, baloncesto, fútbol, rugby, voleibol.*

6. Los giros

¿Dónde estoy?

Cuando leas este capítulo podrás...

• Describir las modalidades de giro más utilizadas en el deporte.

• Conocer criterios y actividades para su mejora.

Aspectos generales

Concepto

Dentro de esta familia de habilidades se incluyen aquellas que suponen un movimiento completo de rotación del cuerpo alrededor de uno de sus tres ejes imaginarios principales. Estos tres ejes son:

• Eje vertical: también llamado longitudinal, atraviesa el cuerpo en dirección abajo-arriba.

• Eje horizontal: o transversal, atraviesa el cuerpo en dirección izquierda-derecha.

• Eje antero posterior: que también recibe el nombre de sagital y atraviesa el cuerpo de delante a detrás.

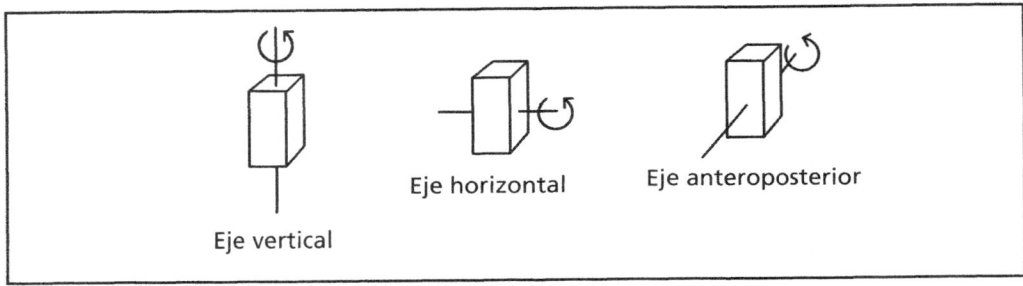

Eje horizontal   Eje anteroposterior

Eje vertical

Principales ejes de giro.

Presencia en la actividad física y el deporte

Podemos encontrar giros en muchas y muy variadas actividades físicas y deportivas:

• Gimnasia rítmica y deportiva: volteretas, tirabuzones, ruedas, palomas, flic-flac, etc.

• Saltos de palanca y trampolín: donde muchos de los elementos que se ejecutan en la fase aérea son giros.

• Patinaje artístico: tanto sobre ruedas como sobre hielo.

• Danza y baile.

• Natación sincronizada: en este caso en el medio acuático.

• Atletismo: como forma de aumentar el camino de impulso en los lanzamientos.

• Deportes colectivos: recursos técnicos de desmarcaje o de protección del balón en baloncesto, fútbol, balonmano, etc.

• Algunas modalidades de lucha y combate: judo, tae-kwondo, etc.

Descripción técnica general

Tipos de giro

Según el eje de giro

Tal y como hemos comentado antes, podemos efectuar giros alrededor de tres ejes principales: el vertical, el horizontal y el antero-posterior.

• Eje vertical: tomando como referencia este eje se pueden efectuar tirabuzones y movimientos similares (gimnasia rítmica y artística, patinaje artístico, saltos de palanca y trampolín, danza, etc.), pivotes y reversos en diferentes deportes colectivos (baloncesto, fútbol, balonmano, etc.) y movimientos de impulso en los lanzamientos atléticos.

• Eje horizontal: que incluiría toda la gama de giros en dirección delante-detrás (volteretas, palomas, flic-flac, etc.) presentes en deportes como los saltos de trampolín y la gimnasia deportiva.

• Eje anteroposterior: cuyos ejemplos más claros pueden hallarse en la rueda y la rondada, elementos propios de la gimnasia deportiva.

La rueda o voltereta lateral es un ejemplo de giro sobre el eje anteroposterior.

En la ejecución de los altamente diestros es frecuente, sobre todo en algunas disciplinas deportivas, hallar movimientos en los que se combinan diferentes ejes de giro, bien de forma simultánea, bien de forma sucesiva.

Según la relación del cuerpo con la superficie-elemento de giro

Sin ánimo de ser exhaustivos, podemos diferenciar tres tipos principales de giro, si atendemos a la posición del ejecutante en relación con la superficie o el elemento por donde va a transcurrir el giro.

• Giros en contacto constante: cuando, durante toda la ejecución del giro, el cuerpo permanece en contacto con el suelo o con el elemento donde se produce (colchoneta, banco, plinto, barra de equilibrio, etc.). Las volteretas serían un ejemplo claro de este tipo de giro.

• Giros en suspensión: se dan cuando el ejecutante está en el aire y sin ningún punto de contacto con un elemento fijo y estable. Esta suspensión puede ser producto de un salto previo desde el suelo (saltos con minitramp, por ejemplo) o de una caída o impulso desde un punto elevado (saltos de palanca o de trampolín). Un ejemplo claro de este tipo de saltos lo constituiría el clásico "salto mortal" o voltereta en el aire.

• Giros con agarre de manos: en algunos deportes, como la gimnasia deportiva, se efectúan giros estando el sujeto agarrado por las manos a un elemento más o menos fijo (barra fija, paralelas y paralelas asimétricas, anillas, etc.). Normalmente este elemento se constituye en el eje del giro (por ejemplo los "molinos" sobre la barra fija).

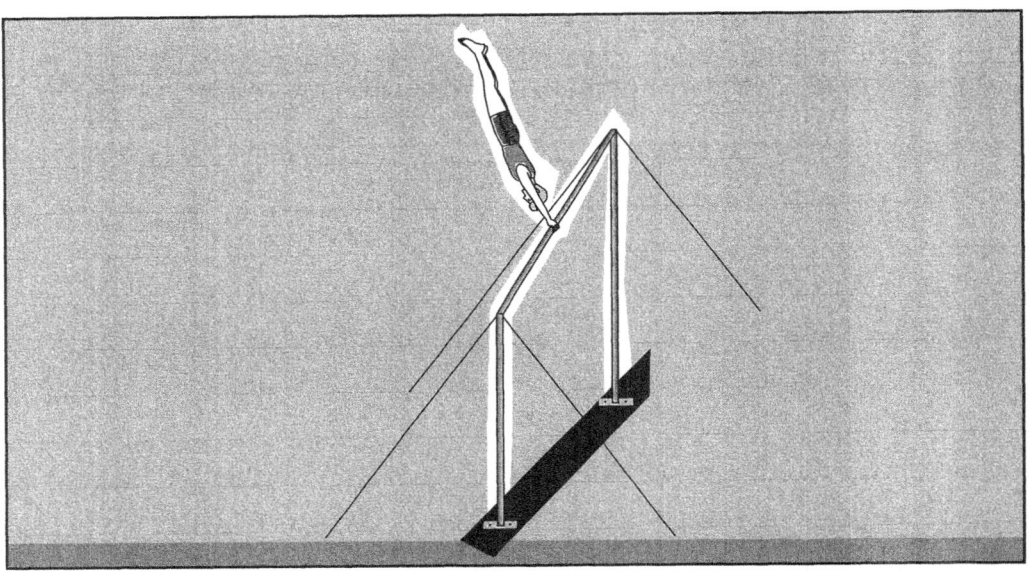

Los molinos en la barra fija se efectúan con agarre de manos sobre un elemento (la barra) que se convierte en el eje de giro.

Está claro que no sólo se pueden dar combinaciones entre estos tipos de giro, sino que también podemos hallar otros casos diferentes a los citados. Nuestra intención no ha sido presentar una clasificación exhaustiva sino, simplemente, una muestra significativa de algunas de las formas de giro más practicadas.

Requerimientos técnicos comunes

De lo dicho hasta ahora podemos concluir, por un lado, que la utilización de los giros en el deporte está ampliamente extendida y, por otro lado, que esta gran variedad de formas de ejecución dificulta mucho el poder efectuar una descripción técnica general de esta habilidad.

Sin embargo, intentaremos dar algunas consideraciones técnicas básicas y comunes a las diferentes modalidades de giro.

• La necesidad de desplazar masa corporal de un lado al otro del eje de giro: de hecho, los giros se producen mediante este mecanismo, por lo que estará presente en todos los tipos de ejecución de esta habilidad. Las acciones que se llevan a cabo para conseguir este desplazamiento de masa son, lógicamente, diversas: impulsiones sobre la superficie de giro, movimientos globales o acciones vigorosas de los segmentos corporales en el sentido de giro deseado.

• El papel de la agrupación/extensión corporal en relación al eje de giro: como idea general y básica podemos afirmar que la rotación se producirá de manera más fácil y rápida cuanto más agrupado esté el cuerpo del sujeto alrededor del eje sobre el que gira. Para entender mejor este aspecto basta pensar en los giros sobre el eje vertical presentes en las diferentes modalidades de patinaje artístico: cuando los patinadores abren los brazos, separándolos de dicho eje, el giro se enlentece , mientras que cuando los recogen sobre el tronco, el giro se acelera. De hecho, éste es uno de los mecanismos que los ejecutantes expertos utilizan, no sólo para controlar la velocidad de rotación sino, incluso, su inicio y su final.

• La necesidad de mantener el equilibrio durante la realización del giro: por sus propias características los giros implican un desequilibrio muy importante. Por este motivo, el mantenimiento y control de la estabilidad corporal será una faceta clave en la ejecución de este tipo de habilidades.

• La reorientación espacial: por diversos factores (algunos muy relacionados con el apartado anterior) como la hiperestimulación vestibular, las situaciones inhabituales o la pérdida de referencias externas, la ejecución de los giros implica un grado variable de desorientación (¡quién no ha jugado a la gallinita ciega!). La trascendencia de este hecho aumenta si tenemos presente que muchos giros, o bien se ejecutan de forma simultánea con otra habilidad (pivotes y reversos en baloncesto) o bien forman parte de complejas cadenas de movimientos enlazados (gimnasia deportiva).

A continuación, ampliaremos la descripción de dos tipos de giros muy presentes en la actividad física y deportiva:

• Los giros ejecutados de forma simultánea con la carrera.
• Los giros ejecutados con una finalidad estética.

Giros que se ejecutan de forma simultánea con la carrera

Concepto

Se trata de giros que se efectúan, alrededor del eje vertical, mientras el sujeto esta corriendo y que suelen tener como función el desmarque de un contrario o la protección de la posesión de la pelota. Esto quiere decir que, además de con la carrera, en muchas ocasiones se ejecutarán de forma simultánea alguna habilidad de manejo y control del balón (bote, conducción, etc.).

Principales aplicaciones

Están presentes en diferentes deportes colectivos como el baloncesto, el fútbol y el balonmano en forma de elementos técnicos destinados, al interponer el cuerpo del jugador entre la pelota y los contrarios, a proteger la posesión de la pelota.

¿Como mejorar esta habilidad?

En el diseño de situaciones de enseñanza-aprendizaje de este tipo de giros, deberán tenerse presentes los siguientes aspectos:
• No se puede plantear su aprendizaje sin un buen nivel previo de la habilidad de control del balón con la que se ejecutan (bote, conducción, etc.).
• Dado que se trata de elementos propios de juegos colectivos, se tenderá a practicar en situaciones cercanas al juego real.
• Se debe practicar de forma rica y variada.
• Es muy importante el mantenimiento del equilibrio durante la realización de estas habilidades, por lo que este aspecto se tendrá en cuenta a la hora de plantear actividades de aprendizaje.

Giros efectuados con una finalidad estética

Concepto

Dentro de esta categoría se incluyen giros efectuados alrededor de los tres ejes y cuya ejecución debe ajustarse a unos patrones claramente establecidos (reglamento). Los aspectos formales predominan sobre cualquier otro requerimiento.

En su ejecución se suelen requerir altos niveles de desarrollo de varias capacidades físicas como la flexibilidad, la velocidad gestual y diferentes manifestaciones de la fuerza.

Principales aplicaciones

Se hallan en deportes como la gimnasia rítmica, la gimnasia deportiva, los saltos de trampolín, el patinaje artístico, etc.

¿Cómo mejorar esta habilidad?

• El grado de riesgo que, en algunas ocasiones, supone la realización de estos giros, hace necesaria la adopción de medidas de seguridad apropiadas (material, vigilancia, etc.).
• Son de gran importancia las acciones de ayuda efectuadas por el/la profesor/a.

• Si se ejecutan sobre o con algún aparato (minitramp, trampolín, plinto, etc.) se hace necesario un trabajo previo de familiarización y adaptación.

• Su complejidad técnica obliga, normalmente, a la utilización de progresiones metodológicas y, en muchos casos, al planteamiento de situaciones analíticas de práctica.

• Por sus requerimientos formales, la práctica repetitiva cobra una especial importancia.

La voltereta puede aprenderse de formas muy variadas.

En resumen, ¿qué es lo importante?

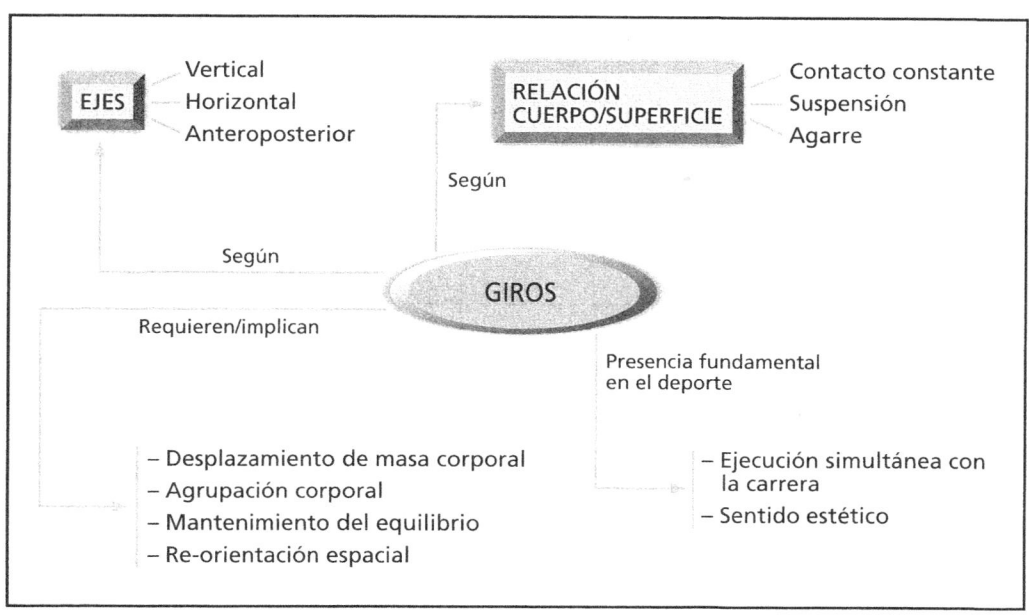

¿Lo tengo claro ahora?

a) *Busca un ejemplo de los siguientes tipos de giro:*
  - *En contacto y sobre el eje vertical.*
  - *En contacto y sobre el eje horizontal.*
  - *En suspensión y sobre el eje vertical.*
  - *En agarre y sobre el eje horizontal.*

b) *¿Por qué es importante la reorientación espacial en los giros?*

c) *¿Qué giro será, en principio, más rápido: un salto mortal agrupado o extendido?*

d) *Describe una situación de juego en la que se den giros, de los siguientes deportes: baloncesto, fútbol y balonmano.*

e) *Recoge y clasifica los diferentes tipos de giro que se realizan en la gimnasia deportiva.*

7. Manejo y control de objetos

¿Dónde estoy?

Cuando leas este capítulo podrás...

Conocer:

• Una descripción general de algunas de las formas de manejo y control de objetos:

– Con las manos.
– Con la cabeza.
– Con los pies.
– Usando objetos.
• Una descripción de las formas más utilizadas en el deporte:
  – Sus características técnicas.
  – Criterios y actividades para su mejora.

El bote

Aspectos generales

Concepto

El bote es mucho más fácil de entender que de explicar. Podríamos definirlo como una sucesión controlada de lanzamientos del balón hacia el suelo para, aprovechando su efecto elástico, volverlo a recibir.

Presencia en la actividad física y el deporte

El bote es un elemento técnico presente en una gran cantidad de juegos y deportes de entre los que podemos destacar el baloncesto, el balonmano o la gimnasia rítmica.

Descripción técnica general

Existen diferentes formas de bote según el contexto donde esta habilidad se utilice. Lógicamente, esta variedad se traduce en una técnica de ejecución diferenciada.

Sin embargo, podemos destacar algunos elementos técnicos comunes en la ejecución del bote:
• La zona de la mano con la que se bota: normalmente los extremos de los dedos.
• La acción del brazo y de la mano: normalmente el brazo se encuentra flexionado por el codo y, en el momento de impulsar el balón, se extiende en la dirección deseada. Es necesario remarcar el importante papel que juegan la muñeca y la mano a la hora de facilitar el control de la pelota.

A grandes rasgos, podemos diferenciar tres grandes modalidades de bote:
• El bote defensivo.
• El bote de avance o progresión.
• El bote como elemento estético.

El bote defensivo

Concepto

Se pretende mantener la posesión del balón frente a adversarios que intentan quitárnoslo. En este tipo de bote se sacrifica la velocidad de desplazamiento, que puede llegar a ser nula, frente a la necesidad de proteger el balón. Una de las características principales, es que su ejecución viene muy condicionada por las características del entorno donde se realiza: situación en el terreno de juego, posición de los contrarios, etc.

Principales aplicaciones

Se utiliza en deportes colectivos como el baloncesto y el balonmano.

Principales adaptaciones técnicas

• El cuerpo se suele usar (bien de forma global, bien mediante un segmento corporal) como pantalla o barrera que se interpone entre la pelota y los adversarios.

• El recorrido del balón suele ser corto y rápido, para así dificultar su interceptación por parte de los contrarios. Para ello se adopta una postura en la que las piernas, y a menudo el tronco, van considerablemente flexionados.

• Son frecuentes los cambios de ritmo y dirección del desplazamiento así como los giros o pivotes. Por este motivo se debe adoptar una postura que facilite la ejecución de estas acciones.

• La zona de impacto de la pelota en el suelo, suele variarse para dificultar la actuación de los adversarios. Pese a ello, y para facilitar la protección del balón, esta zona de impacto suele estar muy cercana al cuerpo del jugador.

• Es habitual cambiar la mano con la que se bota.

Es necesario proteger el balón.

¿Cómo mejorar esta habilidad?

• Se propondrán situaciones variadas de práctica.

• Estas situaciones deberán parecerse lo máximo posible a las características del juego real.

• Se graduará la dificultad de las actividades propuestas, jugando con aspectos como la presencia de adversarios, sus posibilidades de acción, etc.

El bote de progresión

Concepto

Es el bote utilizado para avanzar por el terreno de juego cuando los adversarios no están muy cerca. La velocidad de desplazamiento deberá ser aquella que, facilitando el avance, no suponga un riesgo demasiado elevado de cara a proteger la posesión del balón.

Principales aplicaciones

Se utiliza en deportes colectivos como el baloncesto o el balonmano.

Principales adaptaciones técnicas

• El papel del cuerpo como barrera o pantalla ve disminuida su importancia por la poca proximidad de los contrarios.

• Se debe adoptar una postura que permita un avance rápido pero que, al mismo tiempo, facilite los cambios de velocidad y dirección del desplazamiento.

• La altura del bote crece en relación con la de la modalidad defensiva.

• La zona de impacto del balón en el suelo se separa del cuerpo del jugador en la dirección del desplazamiento (se bota más adelante).

¿Como mejorar esta habilidad?

En términos generales, vale lo que se ha comentado en el apartado anterior.

El bote como elemento estético

Concepto

Es el tipo de bote donde lo que se valora no es ni la protección del balón ni el avance rápido, sino las condiciones formales de su ejecución y su ajuste a unos patrones preestablecidos.

Principales aplicaciones

Se utiliza en deportes como la gimnasia rítmica.

Principales adaptaciones técnicas

Dada la gran variedad de formas de ejecución de esta modalidad de bote, no podemos reseñar sus adaptaciones técnicas comunes.

¿Cómo mejorar esta habilidad?

• El hecho de ejecutar diversas acciones motrices simultáneamente con el bote, obliga a una práctica que tienda a la automatización de éste en situaciones de creciente diversidad y variedad:

- Diferentes posturas (de pie, tumbado, etc.).
- Diferentes acciones (giros, saltos, desplazamientos, etc.).
- Diferentes zonas de contacto (mano, codo, etc.).
- Diferentes zonas de impacto (delante, detrás, a los lados, etc.), etc.

• Los factores espaciales y temporales del bote cobran una gran importancia. Por ello deberán trabajarse aspectos como la precisión espacial o el ritmo de ejecución.

Los lanzamientos

Aspectos generales

Concepto

Podemos definir el lanzamiento como la acción de desprenderse de un objeto mediante un movimiento vigoroso de uno o ambos brazos.

Dentro de los lanzamientos podemos diferenciar, en función de los siguientes aspectos, una gran cantidad de variantes:

• La mecánica de ejecución (uno o dos brazos, recorridos segmentarios diferenciados, presencia o ausencia de acciones previas, etc.).

• El objeto lanzado (balón, maza, implementos atléticos, etc.).

• El requerimiento principal de la acción (precisión, distancia, valor estético, etc.).

• Las condiciones de práctica (en solitario, con colaboración, con oposición, etc.)…

Presencia en la actividad física y en el deporte

Podemos hallar lanzamientos en múltiples y variadas manifestaciones deportivas y recreativas: balonmano, baloncesto, fútbol, goalball, fresbee, atletismo, bolos, gimnasia rítmica, etc.

Descripción técnica general

Podemos destacar los siguientes aspectos técnicos comunes en la ejecución de la mayoría de los lanzamientos:

• Control del objeto de forma previa al lanzamiento: el objeto a lanzar se debe agarrar de forma segura y firme de tal forma que se garantice su control.

• Colaboración corporal: aunque los brazos siempre están presentes en los lanzamientos, todo el cuerpo debe colaborar, en mayor o menor medida, en su ejecución. Esta colaboración suele ser tanto más importante cuanta más potencia se desee imprimir al objeto lanzado. Es fundamental que los diferentes segmentos que participen lo hagan de una forma coordinada. Lo habitual es que el movimiento de lanzar se inicie en las extremidades inferiores y que, de forma consecutiva y coordinada, se vayan añadiendo, en dirección ascendente, las otras partes del cuerpo implicadas. Mantener una estructura cinemática adecuada es de vital importancia para una ejecución exitosa del lanzamiento.

• Dirección del movimiento corporal de impulsión: generalmente, la dirección de los movimientos de los segmentos corporales implicados en el lanzamiento debe coincidir con la dirección en que se desee lanzar el objeto.

Podemos diferenciar, según su función o requerimiento principal, 4 diferentes formas de lanzamiento:

• Lanzamientos de distancia.
• Lanzamientos de precisión.
• Lanzamientos de precisión-potencia.
• Lanzamientos con un requerimiento estético.

Lanzamientos de distancia

Concepto

Se pretende lanzar un objeto más o menos pesado, lo más lejos posible sin que la precisión sea (dentro de unos límites razonables) un requerimiento a tener presente.

Principales aplicaciones

Fundamentalmente en el atletismo aunque también se hallan en determinados juegos y deportes populares.

Principales adaptaciones técnicas

Podemos destacar los siguientes aspectos:

• La colaboración corporal adquiere, en este tipo de lanzamientos, su máxima importancia, ya que se trata de aprovechar todos aquellos segmentos y partes corporales que puedan contribuir a impulsar el objeto.

• Esta colaboración corporal tiene que estar coordinada con las acciones previas (carrera, giro, etc.) y debe asegurar el mantenimiento de una aceleración óptima durante todo el recorrido del lanzamiento.

El manejo del balón se puede empezar a trabajar en edades muy tempranas.

Los golpeos y conducciones con los pies proporcionan situaciones de práctica muy divertidas.

Al pasar con el pie es muy importante la zona de éste con la que se golpea el balón.

La mayor parte de los elementos técnicos del fútbol se efectúan con los pies o con la cabeza.

• La participación de los segmentos suele seguir una dirección de abajo arriba. Es decir, que primero intervienen las extremidades inferiores y, en último término, lo hacen las superiores.

• El ángulo de salida del objeto, que debe ser aquel que, de acuerdo con las características específicas de cada situación e individuo, asegure una distancia horizontal más larga.

¿Cómo mejorar esta habilidad?

A la hora de plantear actividades y situaciones de enseñanza-aprendizaje de este tipo de lanzamientos se deben tener en cuenta los siguientes aspectos:

• El peso del objeto debe adaptarse a las posibilidades de los practicantes.

• Dar preferencia a los aspectos cualitativos (técnica básica del lanzamiento) frente a los cuantitativos (distancia alcanzada).

• Son preferibles los métodos globales que los analíticos. Sin embargo, la dificultad técnica de este tipo de acciones puede requerir la utilización de algún ejercicio analítico.

• Crear situaciones de aprendizaje variadas y motivantes.

• Prever medidas de seguridad y control de la sesión, ante el riesgo que este tipo de lanzamientos lleva implícito.

Lanzamientos de precisión

Concepto

Se pretende lanzar un objeto (normalmente de peso reducido) sobre un blanco determinado. Normalmente los aspectos cuantitativos del lanzamiento (distancia, velocidad de salida, etc.) no revisten gran importancia y, en todo caso, están condicionados por el requerimiento principal de precisión.

Principales aplicaciones

Este tipo de lanzamientos está presente en juegos y deportes como el baloncesto o los dardos.

Principales adaptaciones técnicas

Dada la gran variedad de formas de lanzamiento posibles, se hace difícil reseñar las características técnicas de esta modalidad de lanzamientos. Sin embargo, destacaremos los siguientes aspectos:

• La colaboración corporal es necesaria pero pierde importancia con relación a la anterior tipología descrita.

• Los movimientos corporales de impulsión y el ángulo de salida del objeto están determinados por la situación del blanco sobre el que se hace puntería.

• En algunos casos estos lanzamientos se efectúan con una presión por parte de los adversarios. Cuando esto sucede es necesario:
  – Efectuar el lanzamiento rápidamente.
  – Efectuar el lanzamiento a la vez que se protege el balón de las acciones de los contrarios.

¿Cómo mejorar esta habilidad?

En la enseñanza de lanzamientos de precisión, se deberá tener presente:
• Practicar de forma variada (diferentes distancias, objetos, blancos, etc.)
• Siempre que sea posible, dar la posibilidad de repetir varia veces el lanzamiento, para así poder corregir los defectos observados.
• Intentar practicar en situaciones próximas a la aplicación real de la habilidad.
• Asegurar un buen nivel previo de algunas capacidades perceptivo-motrices como la estructuración espacial.

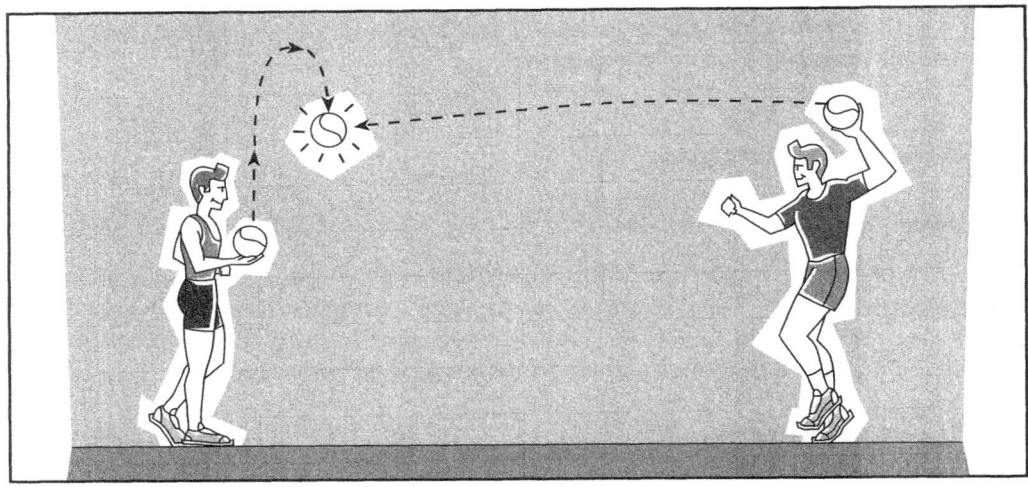

Hay muchas maneras de mejorar la puntería.

Lanzamientos de precisión y potencia

Concepto

Esta modalidad de lanzamientos correspondería a aquellos que deben ser ejecutados con un alto nivel de precisión y, a la vez, con una potencia remarcable. Normalmente, el objeto (pelota) no tiene un peso elevado pero debe ser lanzado a alta velocidad.

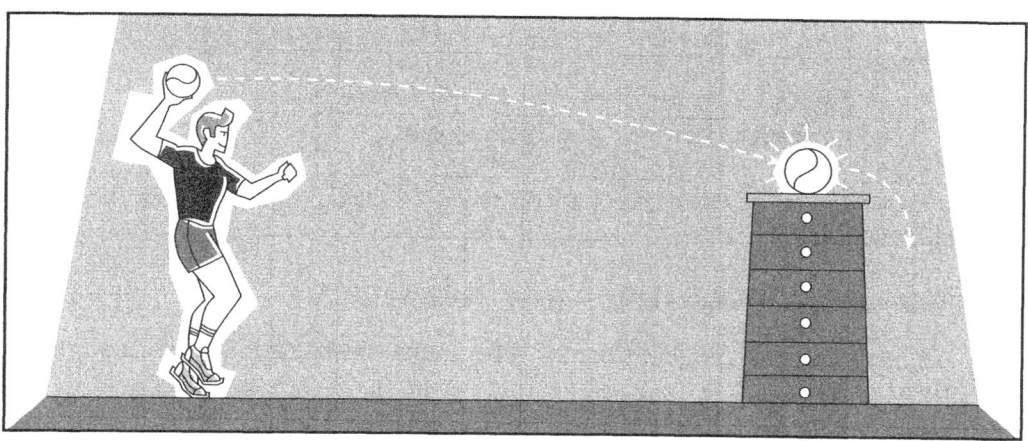

A veces hay que combinar la precisión y la potencia.

Principales aplicaciones

El ejemplo más claro de este tipo de lanzamientos lo encontramos en el tiro a portería de balonmano.

Principales adaptaciones técnicas

Lógicamente, los requerimientos técnicos serán una mezcla de los reseñados para las dos modalidades anteriores.
• La colaboración corporal cobra una importancia considerable.
• Es necesaria una buena coordinación con las acciones previas (carrera, salto, etc.).
• Los aspectos cuantitativos (potencia) del lanzamiento son importantes pero deben subordinarse a la precisión requerida.
• Es frecuente que se efectúen ante la presencia de adversarios, por lo que aspectos como la rapidez en la ejecución y la necesidad de protección del balón deben ser tenidos en cuenta.

¿Cómo mejorar esta habilidad?

Valen los criterios dados para los lanzamientos de precisión.

Lanzamientos con un requerimiento estético

Concepto

En la realización de estos lanzamientos se debe atender aspectos como la mecánica de ejecución, la trayectoria descrita por el objeto, el momento del lanzamiento, etc. Todos estos aspectos deben adaptarse a unos patrones claramente determinados.

Pueden adoptar formas muy diversas en función de:
- El objeto lanzado (pelota, aro, etc.).
- La zona corporal con la que se lance.
- La ejecución simultánea de otras habilidades (giros, saltos, desplazamientos, etc.), etc.

Presencia en la actividad física y en el deporte

Esta modalidad de lanzamiento está presente, sobre todo, en la gimnasia rítmica.

Principales adaptaciones técnicas

Dada la gran variedad de formas de ejecución de esta modalidad de lanzamiento, no podemos reseñar sus adaptaciones técnicas comunes.

¿Cómo mejorar esta habilidad?

- El hecho de ejecutar diversas acciones motrices simultáneamente con el lanzamiento, obliga a una práctica que tienda a la automatización de éste en situaciones de creciente diversidad y variedad:
  - Diferentes posturas (de pie, tumbado, etc.).
  - Diferentes acciones (giros, saltos, desplazamientos, etc.).
  - Diferentes zonas de impulso.
  - Diferentes trayectorias (vertical/horizontal, delante/detrás, a los lados).
- Los factores espaciales y temporales del lanzamiento cobran una gran importancia. Por ello deberán trabajarse aspectos como la precisión espacial o el ritmo de ejecución.

Las recepciones

Concepto

Podríamos definir la recepción como la acción de interceptar y / o controlar un móvil en desplazamiento por el espacio. Dentro de ellas deberíamos distinguir entre las recepciones propiamente dichas, donde se trata de interceptar y controlar un objeto determinado (pelota, maza, disco volador, etc.) y las paradas, en las que la misión principal es atajar la trayectoria del objeto (normalmente una pelota) impidiendo que alcance el objetivo para el que fue lanzado.

Presencia en la actividad física y el deporte

Las recepciones están presentes en un buen número de actividades físico-deportivas como baloncesto, balonmano, gimnasia rítmica, etc. Las paradas con las manos forman parte de aquellas actividades deportivas donde se intenta detener el balón para que no se introduzca en la portería, como el fútbol o el balonmano.

Descripción técnica general

Podemos destacar los siguientes aspectos:

• Es fundamental saber analizar, de forma correcta y en el menor tiempo posible, la trayectoria del objeto a interceptar.

• De forma posterior al análisis de la trayectoria del móvil, el cuerpo se situará (tanto de forma global como segmentaria) en las mejores condiciones para recibir el objeto.

• El sujeto se debe dirigir de forma activa para interceptar la trayectoria del móvil. Es decir, que se debe ir a buscar el balón y no esperar que éste le alcance.

• Deberá efectuarse una adaptación de las superficies de contacto (manos y dedos) a las características del objeto y a su trayectoria. Sin esta adaptación no podrá asegurarse un buen control de éste una vez iniciada la recepción.

• Es muy importante amortiguar el desplazamiento del objeto, absorbiendo la energía acumulada que éste lleva.

• En muchos casos una vez recibido el objeto (normalmente un balón) se debe asegurar su posesión por lo que el sujeto deberá proteger, con su propio cuerpo y/o alejándose de los contrarios, la posesión de la pelota.

• Finalmente, una vez finalizada con éxito la parada o la recepción se suele iniciar otra acción por lo que la estabilidad corporal, posiblemente afectada por los movimientos y acciones efectuados, debe recuperarse en el menor tiempo posible.

¿Cómo mejorar esta habilidad?

De cara a la enseñanza de estas habilidades podemos destacar los siguientes aspectos:

• La gran importancia de un trabajo perceptivo motriz previo, que debe posibilitar a los sujetos analizar, rápida y efectivamente, la trayectoria del objeto a interceptar así como decidir y ejecutar aquellas acciones corporales que facilitarán esta interceptación.

• La necesidad de una práctica contextualizada, es decir, de aprender estas habilidades en situaciones próximas al contexto real donde luego van a ser ejecutadas.

- La necesidad de una práctica rica y variada.
- La conveniencia de evitar, en las primeras etapas del aprendizaje, la adopción de actitudes de evitación-protección (cerrar los ojos, apartar la cara, etc.). Esto se consigue utilizando, siempre que sea posible, materiales blandos o poco agresivos.

Es muy importante saber recibir correctamente el balón.

Los golpeos (efectuados con las manos)

Concepto

Consisten en la interceptación de un móvil impactando sobre él. Mantienen, salvando las distancias, muchos aspectos comunes con las recepciones.

Presencia en la actividad física y en el deporte

Presentes en varios juegos colectivos, sobre todo en el voleibol.

Descripción técnica general

Los aspectos comunes más destacables de la ejecución técnica de esta habilidad son los siguientes:
- Es fundamental saber analizar la trayectoria del objeto a golpear.
- Fruto de este análisis, el sujeto debe colocarse en el punto óptimo para efectuar el golpeo. La imposibilidad de controlar el objeto, hace que una

buena colocación espacial sea básica para poder ejecutar la habilidad correctamente.

• Deberá efectuarse una adaptación de las superficies de contacto (antebrazos, manos y dedos) a las características del objeto y a su trayectoria concreta. Sin esta adaptación no podrá asegurarse un buen control de la trayectoria que se quiere imprimir al balón.

• Igualmente se debe ser capaz de controlar la zona de la pelota donde se impactará ya que esta determinará, en buena medida, la respuesta del objeto después del golpeo.

• Es muy importante remarcar la necesidad de que todo el cuerpo debe colaborar de forma coordinada en la ejecución de los golpeos. Esta colaboración suele consistir en una extensión (global y segmentaria) en la dirección a donde se quiere enviar la pelota.

¿Cómo mejorar esta habilidad?

Coinciden, con las lógicas adaptaciones, a los propuestos para las recepciones: trabajo perceptivo motriz previo, evitar las conductas de huida-protección, práctica contextualizada y propuesta de situaciones variadas de enseñanza-aprendizaje.

Golpeos y paradas (no efectuados con las manos)

Concepto

Consisten, como ya se ha dicho, en la interceptación de un móvil impactando sobre él.

Presencia en la actividad física y en el deporte

Se hallan en diferentes juegos colectivos (fútbol, hockey, tenis, etc.).

Descripción técnica general

Este tipo de golpeos presenta una gran variedad de formas de ejecución. Intentaremos destacar los aspectos técnicos básicos y comunes:

• Es fundamental saber analizar la trayectoria del objeto a golpear.

• Fruto de este análisis, el sujeto debe colocarse en el punto óptimo para efectuar el golpeo. La imposibilidad de controlar el objeto hace que una correcta colocación espacial sea básica para poder ejecutar la habilidad correctamente.

• En los golpeos con la cabeza o con los pies, deberá controlarse la zona con la que se impacta, ya que ésta determinará, en buena medida, la respuesta del balón. Este aspecto también se aplica a la zona de la pelota donde se impacta.

• En los golpeos con objetos, además de cumplirse con el requisito anterior, se debe agarrar el implemento de forma que permita una buena ejecución técnica del golpeo.

• Todo el cuerpo deberá participar, de forma coordinada, en la ejecución de la habilidad. Esta colaboración corporal, tomará diferentes formas según el tipo de golpeo efectuado.

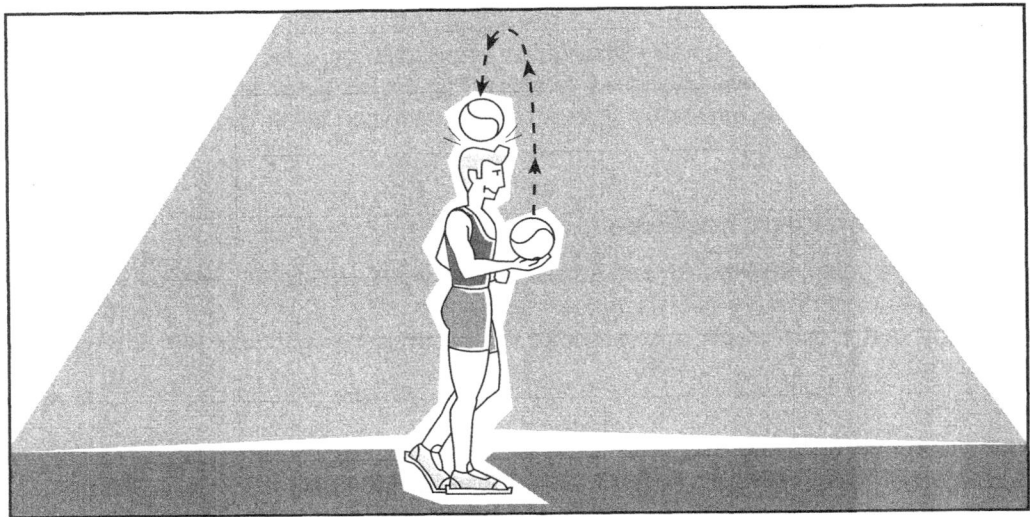

Para aprender a golpear el balón con la cabeza son efectivos los ejercicios individuales.

¿Cómo mejorar esta habilidad?

Coinciden, con las lógicas adaptaciones, a los propuestos para las recepciones y los golpeos con las manos: trabajo perceptivo motriz previo, evitar las conductas de huida-protección (poco importante en los golpeos con los pies), práctica contextualizada y propuesta de situaciones variadas de enseñanza-aprendizaje.

En el caso de los golpeos con objetos, se debe facilitar el proceso de adaptación a éstos.

Las conducciones

Concepto

Tal y como hemos comentado, la conducción es una sucesión de golpeos con la función de guiar la trayectoria de una pelota o de un disco (hockey sobre hielo) que, casi siempre, va rodando o deslizándose por el suelo. Pueden efectuarse con los pies o mediante el uso de objetos (sticks de hockey).

Presencia en la actividad física y el deporte

Esta habilidad se utiliza en deportes como el futbol o las diversas modalidades de hockey.

Descripción técnica general y orientaciones para la mejora de esta habilidad

La gran variedad de formas de ejecución y, sobre todo, las considerables diferencias que ellas presentan, hace muy difícil establecer unas pautas comunes.

En general, se pueden tomar como base los criterios dados en el caso de los golpeos y, a partir de ellos, efectuar las oportunas modificaciones.

Conducciones del balón con el pie.

En resumen, ¿qué es lo importante?

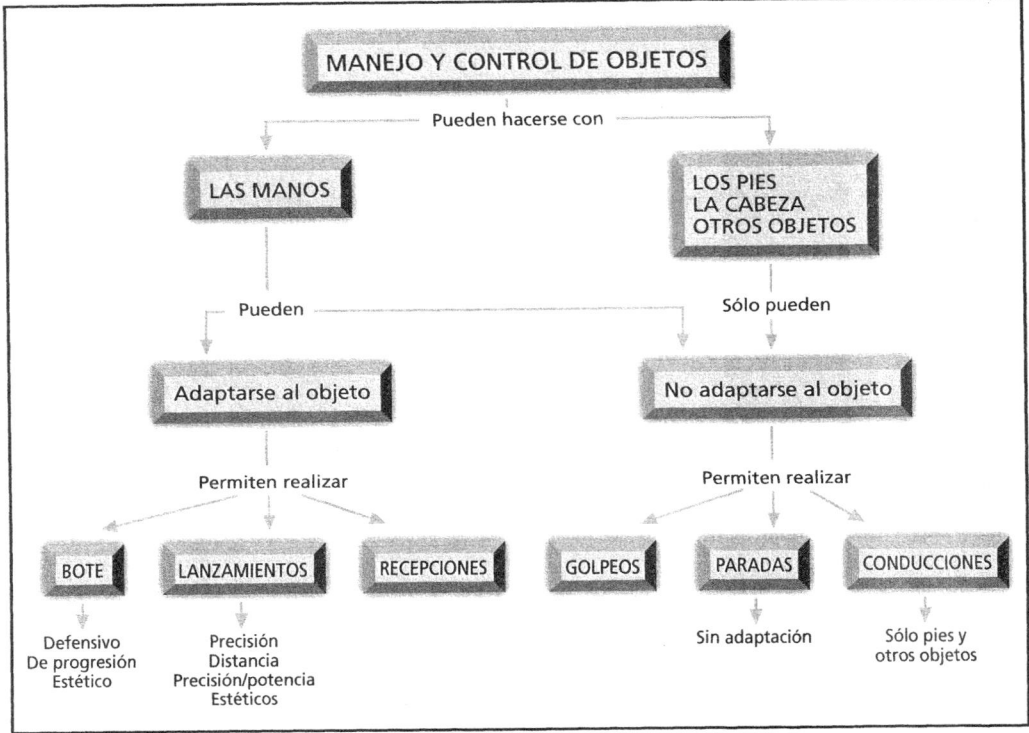

¿Lo tengo claro ahora?

a) *Razona el porqué con las manos pueden realizarse más tipos de habilidades que con otras partes corporales o mediante el uso de otros objetos.*

b) *¿Cuáles son las principales diferencias en la ejecución técnica del bote defensivo y del de progresión?*

c) *En el baloncesto ¿se usa el lanzamiento de precisión/potencia?, ¿Y en el balonmano? Razona tu respuesta.*

d) *¿Cuáles son los aspectos más importantes en la ejecución de las recepciones?*

e) *Haz una breve clasificación de los deportes en los que se utilicen los golpeos.*

8. Las actividades acuáticas

¿Dónde estoy?

El agua es un medio que ofrece una gran cantidad de posibilidades de ejecución de habilidades motrices y que, por sus especiales características, tiene un enorme potencial educativo.

Efectivamente, las condiciones físicas del medio acuático y las diferencias de éste con el terrestre, hacen de él un entorno en el que es posible desarrollar toda una serie de habilidades acuáticas (es decir, cuya ejecución sólo es posible en el agua) así como la adaptación de habilidades propias del medio terrestre.

Por este motivo, este capítulo lo vamos a desarrollar en dos grandes líneas: primeramente analizaremos las habilidades propias del medio acuático y posteriormente revisaremos la adaptación de otras habilidades a este tipo de entorno.

Cuando leas este capítulo podrás...

Conocer:

• Una descripción de los aspectos que deben trabajarse para asegurar el dominio del medio acuático:
  – La flotación.
  – La respiración.
  – La propulsión.
• Criterios y actividades para su mejora.
• Ideas para adaptar la ejecución de diversas habilidades motrices al medio acuático.

Habilidades propias del medio acuático

Dadas las características de esta publicación, nos centraremos en el análisis de aquellos aspectos que deben trabajarse de forma previa a la introducción de las habilidades específicas propias del medio (fundamentalmente, los estilos de natación, los elementos del waterpolo, de la natación sincronizada y de los saltos de palanca y trampolín).

Este trabajo previo implica una primera fase de familiarización con el medio y una fase posterior de dominio de éste para, a partir de aquí, proceder a la introducción de formas específicas y especializadas de movimiento.

En ambas fases, familiarización y dominio, se deberán trabajar los siguientes factores:
  • Flotación: que se refiere a la estabilización del cuerpo dentro del agua.
  • Respiración: referido a la adaptación de la función respiratoria.
  • Propulsión: enfocado al aprendizaje de las acciones que harán posible el desplazamiento por este medio.

A continuación destacaremos, de cada uno de estos tres factores implicados, aquellos aspectos que deben trabajarse a lo largo de las fases de familiarización y dominio del medio:

Flotación

Aspectos a desarrollar

El empuje que supone la fuerza de flotación implica una profunda modificación en la estabilidad corporal. Por este motivo se hace preciso un trabajo de:

• Conciencia y dominio de la flotabilidad del cuerpo: partiendo de la exploración, se deberá facilitar la adquisición de aquellos mecanismos que permitan al sujeto conseguir flotar en diferentes posturas y acciones.

• Relación de la flotación con los procesos respiratorios: tanto la presencia o ausencia de aire en los pulmones como los movimientos de la cabeza necesarios para la inspiración y/o la espiración, afectan a la flotabilidad y estabilidad corporales en el agua. Por este motivo deberá propiciarse un trabajo de conocimiento y aprovechamiento de esta relación respiración/flotación.

• Conciencia y dominio de la postura corporal: el medio acuático influye en la conciencia y el control de la postura del cuerpo. Se hace necesario educar estos aspectos promoviendo la capacidad de conocer y dominar la postura en el agua, así como sus relaciones con la flotabilidad, la respiración y las acciones propulsoras.

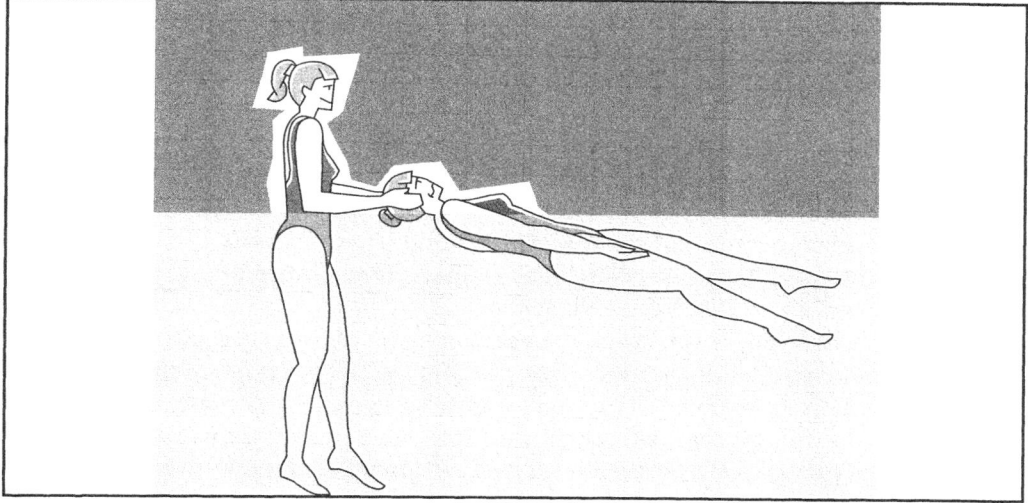

Otra persona puede ayudarnos a flotar.

Las actividades que se relacionan se pueden empezar a trabajar con la ayuda de diversos tipos de flotadores.

Respiración

Aspectos a desarrollar

Las características propias del agua y las acciones que se desarrollan en el medio acuático, implican una serie de importantes modificaciones en la mecánica respiratoria habitual. Además, en muchas de las habilidades y actividades que se desarrollan en este medio, la respiración representa un papel de gran importancia. Por este motivo se deberá asegurar el dominio de los siguientes aspectos:

• Contacto del agua con las partes sensibles de la cara: uno de los elementos que más dificultan, al principio, la respiración en el medio acuático, es el contacto del agua con las zonas y órganos más sensibles de la cara (boca, nariz y ojos fundamentalmente), por lo que se hace necesario un trabajo previo de familiarización y adaptación.

• Eficacia en la inspiración/espiración: el hecho de tomar aire se ve dificultado en el medio acuático. Efectivamente, no sólo las características propias de este elemento sino las acciones motrices que en él tienen lugar, provocan una modificación en la inspiración. Al finalizar el proceso de dominio del medio acuático se deberá ser capaz de efectuar inspiraciones de volúmenes altos de aire realizadas en poco tiempo (la ejecución de las habilidades acuáticas no suele permitir grandes tiempos de inspiración). En cuanto a la espiración, esta deberá poder realizarse de forma rápida y efectiva dentro del agua.

Propulsión

Aspectos a desarrollar

El desplazamiento del cuerpo en el medio acuático tiene unas características específicas totalmente diferenciadas del desplazamiento en el medio terrestre. En este sentido, se deberá incidir sobre:

• Localización, identificación y aprovechamiento de las superficies propulsoras: un paso previo para poder sacar partido de las acciones corporales como medio de desplazamiento en el agua, es identificar y saber aprovechar las superficies corporales que pueden utilizarse para tal fin. Principalmente estas son: las palmas de las manos, las plantas de los pies, el empeine del pie, los antebrazos y las pantorrillas.

• Toma de conciencia y aprovechamiento de las trayectorias de los segmentos: debe conocerse y utilizarse la relación entre la trayectoria de los segmentos propulsores y el sentido y las condiciones del desplazamiento. Fundamentalmente deben asegurarse los siguientes aspectos:

– La noción de que el sentido del desplazamiento siempre será el opuesto al sentido del movimiento del segmento propulsor.
– La exigencia, para aprovechar mejor la fuerza ejercida, de "renovar" el agua sobre la que se ejerce la fuerza propulsora.

• El papel propulsor/estabilizador de brazos y piernas: en las formas más espontaneas de desplazamiento por el agua, las piernas se encargan de la propulsión y los brazos de la flotación. Sin embargo, en las formas más elaboradas, los papeles se invierten, quedando las piernas como segmento estabilizador y los brazos como segmento impulsor.

Realización de otras habilidades motrices en el medio acuático

Posibilidades de trabajo

El medio acuático ofrece una amplia gama de posibilidades de trabajo de muchas de las habilidades motrices propias del medio terrestre.

Desplazamientos

Aparte de los desplazamientos estrictamente acuáticos (ver el apartado anterior), el medio acuático ofrece posibilidades de ejecución de diversos desplazamientos como, por ejemplo, la carrera y la marcha. Efectivamente, en aguas poco profundas, es posible andar o correr con las siguientes alteraciones:

• Menor peso por la fuerza de flotación, lo que va a facilitar el aumento de la fase aérea de la carrera.

• Mayor resistencia por el rozamiento que el agua supone, tanto a escala global como segmentaria.

Saltos

El medio acuático ofrece muchas posibilidades de ejecución de este tipo de habilidades, tanto si se efectúan en él (saltos dentro del agua) como si sólo se utiliza como zona da caída (saltos efectuados fuera del agua con caída dentro de ella). En el primer caso valen todas las consideraciones hechas para la carrera. En el segundo caso, solamente decir que el agua permite, por sus características, caídas que difícilmente pueden realizarse en la tierra lo que propiciará la ejecución de formas de salto variadas y divertidas.

El agua es la mejor colchoneta.

Giros

Dentro del agua se pueden realizar diversos giros con una mecánica de ejecución muy diferenciada de la propia del medio terrestre. El trabajo de giros en el medio acuático estará muy relacionado con la flotación y la propulsión.

Manejo y control de objetos

Fundamentalmente con las manos y la cabeza ya que los pies suelen estar sumergidos o dotados de muy pocas posibilidades de movimiento. Se puede adaptar la ejecución de actividades propias del medio terrestre (balonmano, voleibol, fútbol, etc.) dando lugar a situaciones variadas y con un alto componente recreativo.

En resumen, ¿qué es lo importante?

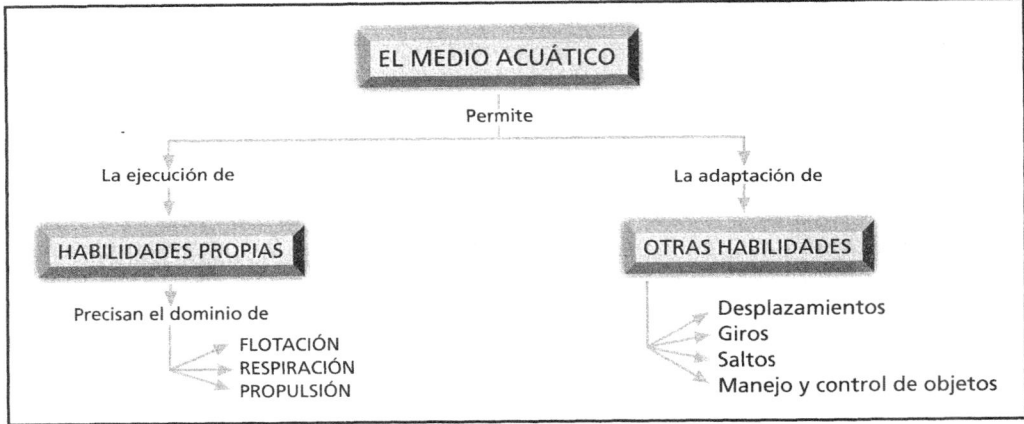

¿Lo tengo claro ahora?

a) *Haz una breve clasificación de los diferentes deportes que tienen lugar en el medio acuático.*

b) *¿Por qué es importante trabajar la flotación?*

c) *¿Qué aspectos deben trabajarse en relación con la respiración en el medio acuático?*

d) *En las propulsiones ¿qué papel suelen jugar las acciones desarrolladas con los brazos? ¿Y las que se efectúan con las piernas?*

e) *Propón actividades en las que se realicen: desplazamientos, saltos y giros en el medio acuático.*

Actividad evaluadora

1) ¿Cuáles son las diferencias fundamentales entre las habilidades motrices básicas y las habilidades motrices específicas?

2) Concepto de programa motor general y de esquema motor.

3) ¿De que se encarga el mecanismo perceptivo?

4) ¿Que diferencias existen entre las habilidades motrices abiertas y las habilidades motrices cerradas?

5) Describe la técnica de ejecución de la carrera de resistencia.

6) ¿Cuales son las diferencias entre la carrera de resistencia y la de velocidad?

7) ¿Que es una cuadrupedia?

8) ¿Que aspectos se pueden mejorar utilizando las reptaciones?

9) ¿De que depende que el ángulo de la trayectoria de un salto sea mas o menos vertical?

10) ¿Se puede modificar la trayectoria del saltador en la fase de vuelo?

11) ¿Cuales son los tres ejes principales del cuerpo humano alrededor de los cuales se pueden efectuar giros?

12) Pon un ejemplo de giro alrededor de cada uno de los tres ejes.

13) ¿Cuales son los diferentes tipos de bote del balón?

14) ¿Cómo debe ser una recepción correcta?

15) ¿Cuales son los aspectos fundamentales de la flotación y la respiración en el medio acuático?

Síntesis final

Desde estas páginas se ha intentado dar una visión de las habilidades motrices básicas considerándolas, por un lado, como los elementos que constituyen el bagaje motor de las personas y, por otro lado, como el fundamento para otros aprendizajes posteriores más complejos y especializados.

Correr, saltar, lanzar, girar, botar el balón, chutar, nadar... forman parte de la conducta motora más o menos habitual del ser humano, de su forma de relacionarse con el entorno que le rodea, pero también están en la base de la ejecución motriz de los diferentes deportes. De esta manera, el aprendizaje de estas habilidades cumple con la doble función de aumentar las posibilidades de respuesta motora del sujeto y de prepararle para aprendizajes posteriores, fundamentalmente deportivos.

Además, con las habilidades motrices se pueden mejorar prácticamente todas las capacidades inherentes a la motricidad humana. Así, las capacidades perceptivo-motrices como el esquema corporal, la lateralidad, la educación de la actitud o la estructuración espacial por sólo poner algunos ejemplos, suelen incluir la ejecución de habilidades motrices dentro de sus programas de desarrollo. Igualmente las capacidades condicionales se pueden mejorar mediante la ejecución de este tipo de movimientos: la carrera como medio de entrenamiento de la resistencia o de la velocidad, los saltos o los lanzamientos como elementos incluidos en los programas de mejora de la fuerza, etc.

Por este motivo, somos de la opinión que la enseñanza de las habilidades motrices básicas debe constituir uno de los pilares fundamentales de la educación motriz de las personas, ya sea en el medio escolar o fuera de él.

Creemos que desde estas páginas hemos proporcionado elementos para el análisis técnico de la ejecución de las diferentes modalidades de las habilidades motrices básicas a la vez que hemos propuesto criterios para estructurar su proceso de enseñanza y aprendizaje. ¡Ahora es vuestro turno! ¡A practicar!

Bibliografía

CAPLLONCH BUJOSA, M. (2005): *Habilidades y destrezas básicas. Unidades didácticas para Primaria III*. Barcelona: INDE

DÍAZ, J. (1999): *La enseñanza y aprendizaje de las habilidades y destrezas motrices básicas*. Barcelona: INDE

FAMOSE, J.P. (1992): *Aprendizaje motor y dificultad de la tarea*. Barcelona: Paidotribo.

FERNÁNDEZ GARCÍA, E. ET AL. (2007): *Evaluación de las habilidades motrices básicas*. Barcelona: INDE

LAWTHER, J.D. (1983): *Aprendizaje de las habilidades motrices*. Barcelona: Paidós.

MCCLENAGHAN, B.A. y GALLAHUE, DL. (1985): *Movimientos fundamentales. Su desarrollo y rehabilitación*. Buenos Aires: Panamericana.

NAVAS TORRES, M. (2010): *Habilidades motrices básicas*, Fichero. Barcelona: INDE

RIERA, J. (1989): *Fundamentos del Aprendizaje de la técnica y la táctica deportivas*. Barcelona: INDE

RIERA, J. (2005): *Habilidades en el deporte*. Barcelona: INDE

RUÍZ PÉREZ, L.M. (1987): *Desarrollo motor y actividades físicas*. Madrid: Gymnos.

RUÍZ PÉREZ, L.M. (1995): *Aprendizaje de las habilidades motrices y deportivas*. Madrid: Gymnos.

SCHNABEL, G. (1988): *El aprendizaje motor en el deporte*. En Meinel, K (Editor) (1988) *Teoría del movimiento. Síntesis de una teoría de la motricidad deportiva bajo el aspecto pedagógico*. Buenos Aires: Stadium.

UREÑA VILLANUEVA, F. ET AL. (2006): *Las habilidades motrices básicas en Primaria*. Barcelona: INDE